ダイヤモンドメディアが開拓した
次世代ティール組織

JINEN
自然経営
Management

武井浩三　天外伺朗

内外出版社

カバーデザイン　小口翔平＋岩永香穂（tobufune）
本文デザイン・DTP　小田直司（ナナグラフィックス）

まえがき

いま、企業経営のまったく新しい潮流が、すさまじい勢いで世界中に広まりつつあります。従来の常識だった階層的な組織構造がなく、すべての人が複数の役割をそれぞれが持ったまま、すべての人と対等につながったフラットな組織（多形構造）。そして、一人ひとりの自主性が完全に保障され、誰かが指示・統制をするのではなく、自律的に組織が動いていくという生命体的な組織運営です。

F・ラルーは、いち早くこの潮流を体系化し、「ティール（青緑色）」と名づけました。（『ティール組織』英治出版、2018年）。本書は、この本が出版される11年も前から、世界に先駆けてこの新しい潮流を開拓してこられた武井浩三さんと、2005年から「フロー経営」という呼称で、この新しい潮流の源流を提唱してきた天外伺朗の共著で、この流れの真髄を掘り下げています。

この本を手にしたあなたは、少なくとも「ティール組織」に並々ならぬ興味を抱いており、なろうことなら自分でも実行したいという方も少なくないでしょう。しかしながら、これは本を読んだからといってすぐ実行できるほど生易しい課題ではありません。なぜそれが難しいのか、理由を3つだけ挙げておきましょう。

ひとつ目のポイントは、この経営の神髄は先鋭的な経営者が、ああでもない、こうでもないと失敗を重ねながら、日夜工夫しているダイナミズムの中にある、ということです。本には成功した結果しか書かれていませんが、これはスルメを見ているようなものであり、海の中をダイナミックに泳いでいるイカとはまったく別物です。

ふたつ目のポイントは、ひとつ目とも重なりますが、先端的な経営者が「ティール組織」を開拓し、運営しているときと、それを分析して本に書いている経営学者とは、活動している脳の部位が決定的に違う、ということです。

経営者が新しいチャレンジをしているときには、直感や情動が大切であり、爬虫類時代までに発達した古い脳が活性化していることは間違いありません。

一方、経営学者がその経営を観察して分析しているときには、論理や言語を司る大脳新皮質しか活性化しておりません。だからこそ美しく体系化できるのですが、言語で記述できない最も大切なところはすっぽり抜け落ちてしまいます。同じように、本を読んで言語で情報を得た読者も大脳新皮質しか活性化しておりません。
言語情報から先鋭的な経営者を突き動かしているダイナミズム(古い脳が担当している)をイメージすることは、「想像力が乏しく、情動に蓋をしている人」には無理です。

3つ目のポイントは、少なくともリーダーシップをとる人の意識レベルが、一定以上の段階に達し、その世界観が反映されないと、こういう経営はできない、ということです。F・ラルーの原著のタイトルは『Reinventing Organizations』、サブタイトルは「A Guide to Creating Organizations Inspired by the Next Stage of Human Consciousness」であり、人類の次世代の意識の変容がベースになっていることは明らかです。ところが、この本ではそのことの記述には、あまりページ数を割いてはいません。

本書では、この意識の変容を「実存的変容」、あるいは「ティア1」から「ティア2」へ、と表現しています。上記の「想像力が乏しく、情動に蓋をしている人」というのは、まだそこまでには達していない人です。つまり、2つ目のポイントと3つ目のポイントは、わずかに重なっています。

本書の共著者の武井浩三さんは、真の先鋭的な開拓者です。2007年に生命体に近い自律的な組織運営を志してダイヤモンドメディア株式会社を起業され、その後もたゆまぬ工夫を続けてこられました。

本書をお読みいただければ、武井さんが深いレベルで「機械的組織と生命体的組織の違い」、「現行法はどういうベースで成立しているのか」、「組織構造をどう工夫すればよいのか」、「人間の営みとしての企業、街づくり、教育の共通性」、「社会はどういう方向に進化するのか」などの疑問に対して、抜本的に考察を進めていることがお分かりいただけるでしょう。

ダイヤモンドメディアは、2017年に第3回ホワイト企業大賞を受賞されています。

一方の天外伺朗は2005年から経営者向けのセミナー「天外塾」を開講し、「フロー経営」をお伝えしてまいりました。創業期のソニーの社風や、チクセントミハイの「フロー理論」がベースになっています。

「フロー(流れ)」というのは、何事かに我を忘れて夢中になって取り組んでいるときの特殊な精神状態を表します。一定以上の深い「フロー」に入ると、しばしば奇跡が起きます。指示・命令がなく、メンバーの自律性が保証されていないと「フロー」には入れません。また、「フロー経営」も一定以上の意識レベルに到達していないと実行できませんが、それは「ティール型組織運営」とまったく同じであり、「実存的変容」です。

武井浩三さんも、2014年後期(9月〜翌年3月)の天外塾を受講されました。

本書は、この二人が組んで、読んだ人がすぐに「ティール型組織運営」の実践へ向かえる「実用書」として企画されました。具体的には、2018年7~9月に天外塾で開催された、武井浩三さんのセミナー(全3回)をそのまま書き起こした記録を中心に、天外が章分けをし、章のタイトルをつけ、解説と「Tenge's Eye」(コラム記事)などで情報を補っております。

本書では、武井さんの赤裸々な試行錯誤がそのまま語られるので、上記のひとつ目のポイントはクリアしております。このあたりが、経営学者の書いた本より実践者の書いた本が「実用書」としてはお役に立てるゆえんでしょう(その代わりに体系化はできておりません)。

もちろん言語で記述されている本書は、上記2つ目のポイントから逃れられるわけではありません。しかしながら、クールで論理的にきちっと整理された「経営書」の記述に比べれば、本書のように回り道だらけのセミナーにおける語りや、熱のこもった対話は、言語表現の裏に流れるダイナミズムを浮き立たせ、はるかに古い脳を刺激するでしょう。

「ティール型組織運営」を目指す方は、ダイヤモンドメディアがやっている方法論を、静的に切り取ってまねをするのではなく、その底に流れるダイナミズムをじっくりと感じていただきたいと思います。

意識の変容に関しては、知識として知っていても、どうなるものではありません。ただ知識があれば、闇雲に実践に向かって玉砕するのではなく、自らを見つめ、何が必要なのかがわかるでしょう。天外塾では、瞑想ワークを中心に意識の変容のお手伝いをしておりますのでご検討ください。

このセミナーを実施しているなかで、とても大きな気づきがありました。それは、由佐美加子さんが提唱するメンタルモデルという、人間の深層心理をあらわす分類と「ティール組織」との関連です。

特筆すべきは、武井さんのみならず、「ティール」という言葉がない頃から、その方向の組織運営を模索してこられた「株式会社　森へ」の山田博さんも、メンタルモデルは「ひとりぼっち」であることです。

「ひとりぼっち」の特徴のひとつに、「独創的な開拓者」というのがあり、何もないところから新しい方向性を築いていくことが得意です。また、「実存的変容（ティア2）」に達すると、宇宙は元々一体である「ワンネス」に気づき、その概念を世界に広める生き方になります。「ティール組織」というのは、生命体的な「ワンネス」の世界なので、このモデルの価値観にピッタリです。

武井さんは、自ら「ティール組織」を練り上げるだけでなく、それを広める活動を熱心に進めておられます。山田さんは、人々を森へいざない、「実存的変容（ティア2）」をサポートしておられます。共に、由佐美加子さんのいう通り「ワンネスの概念」を広める活動をライフワークにしておられます。

おそらく、いままで何もないところから「ティール組織」を開拓してきた人はほぼ全員「ひとりぼっちモデル」でしょう。F・ラルーは、そういう人ばかりを観察して『ティール組織』を書いたことになります。F・ラルーの功績は偉大であり、この本が出たことにより、今後は「独創的な開拓者」以外のメンタルモデルの人も、「ティール組織」を実践していけるようになるでしょう。

ということは、F・ラルーが記述したのとは少し違う性質を持つ「ティール組織」が今後は出現してくる可能性が大です。本書では、4つのメンタルモデル、それぞれの人が、もし「ティール組織」を実践したらどうなるかを予想しました。

ただしこれは、ひとりの人がリーダーシップを取った場合であり、組織のなかに複数の「実存的変容（ティア2）」に達した人がおり、そのメンタルモデルが異なっていると、さらに強力な「ティール組織」が実現することが予想されます。いまのところ、実践例がきわめて少ないので検証は不可能ですが、今後の研究課題としてとても面白いと思います。

本書のタイトルは、武井さんが提唱しておられる「自然（じねん）経営」という言葉を採用しました。大きく括れば「ティール組織」には分類されるとは思いますが、ダイヤモンドメディアの経営は、F・ラルーの記述より、さらに一歩前進しているように思います。その進化を意識し、なおかつ宇宙の自然の流れに寄り添うという意味を込めて、今後「自然経営」という言葉を使っていきたいと思います。

本書の姉妹編に、由佐美加子・天外伺朗共著『ザ・メンタルモデル』、天外伺朗著『実存的変容』（2019年10月発売予定）（いずれも内外出版社）があります。あわせてご参照いただければ幸いです。

天外伺朗

F・ラルーの提唱する組織の成長・進化の階層構造

①レッド（衝動型）
組織生活の最初の形態。数百人から数万人の規模へ。力、恐怖による支配。マフィア、ギャングなど。自他の区分、単純な因果関係の理解により分業が成立。
②アンバー（順応型）
部族社会から農業、国家、文明、官僚制度の時代へ。時間の流れによる因果関係を理解し、計画が可能に。規則、規律、規範による階層構造の誕生。教会や軍隊。
③オレンジ（達成型）
科学技術の発展と、イノベーション、起業家精神の時代へ。「命令と統制」から「予測と統制」、実力主義の誕生。効率的で複雑な階層組織。多国籍企業。
④グリーン（多元型）
多様性と平等と文化を重視するコミュニティ型組織の時代へ。ボトムアップの意思決定。多数のステークホルダー。
⑤ティール（進化型）
変化の激しい時代における生命体型組織の時代へ。自主経営（セルフマネジメント）、全体性（ホールネス）、存在目的を重視する独自の慣行。

もくじ

9章　メンタルモデルごとに「ティール組織」が異なる…106

10章　給料をどう決めるのか？…122

11章　給料をオープンにする。大切だがなかなかでき難い！…146

1章

武井塾のイントロダクション

共著者の武井浩三さんは1983年横浜生まれ、ミュージシャンを志し19歳から2年間ロサンゼルスに音楽留学しました。アメリカの友人たちから刺激を受け、帰国後すぐファンション系CGMメディアを運営する会社を起業しましたが、あえなく1年で倒産。大手企業や大学をやめて参加してくれた友人に申し訳ないことをした、と自責の念にかられました。

直後に、今度は絶対に皆を幸せにする、という決断のもとに設立したのがダイヤモンドメディア株式会社です。

当初は、天外著『非常識経営の夜明け』（講談社）や、そこで紹介されているブラジルのセムコ社の経営を参考に、「上下関係や指示命令がない会社」、「給料を自分で決める会社」を目指して試行錯誤を始められました。2014年9月から翌年の3月までは天外塾を受講され、「フロー経営」を学ばれました。

そのころは、1年も経つとがらりと運営方針を変えておられました。これほど試行錯誤のブレ幅の大きい例は、あまりないでしょう。もちろん今でも変容は続けておられますが、当時に比べればだいぶ落ち着いてきました。

2018年から、天外塾の中に「武井塾」を開講しました。講師の武井浩三さんのほか、『ティール組織』の解説を書いておられる嘉村賢州さん、武井さんと一緒に新しい組織運営を探求しておられる山田裕嗣さん、ホワイト企業大賞企画委員の横田英毅さん、八木陽一郎さん、小森谷浩志さん、瀬戸川礼子さんなどをオブザーバーにお迎えして、とても豪華な顔ぶれになりました。

なお、「フロー経営」、「ホラクラシー経営」、「自然（じねん）経営」など、様々な用語が飛び交っておりますが、「ティール」もしくは「ティール型組織運営」という用語をさしあたりのベースにして、今後は「自然経営」という言葉を使っていきたいと思います。

まずは、2018年7月20日、東京の国際文化会館で開かれた第1講の様子からお届けしましょう。

天外伺朗

2章 理念も経営計画もない生命体的な会社

【解説】

いよいよ武井塾が始まりました。国際文化会館のセミナールームは超満員です。天外の導入に続いて武井が戸惑いながら語り始めます。のっけから、街づくりと組織作りは同じだ、という話から入ります。「なんとかニュータウンとか、開発された郊外のベッドタウンっていうのは、街が死んでいくんですよね……」

要するに、頭で考えて機械的に設計した街には生命が宿らないというのです。普通、街づくりは「時間」と「空間」が配慮されますが、そこに建築学の概念である「人間（じんかん）」を持ち込むと生命体的になります。つまり、人間同士の営みとか動きを十分に配慮すれば、街づくりも組織作りもうまくいくというのです。

その意味では、通常のピラミッド組織は、人間を機械とみなしているので生命体的にはなり得ません。いかにしたら、生命体的な組織が育つか、という工夫が語られます。一般の経営学では大切とされている、言語化された理念や経営計画は、どちらかというと人間が意識でこね回せば、こね回すほどに、大自然や生命体とは乖離していくものかもしれません。

このあたりが、武井の真骨頂であり、既存の常識に一切とらわれない発想が輝いています。

セミナーの実録

天外　『ティール組織』という本がよく読まれています。これは、とてもよくまとめられていて、組織の進化の参照モデルであり、また新しい組織運営の、ひとつの出発点だと思います。この言葉をしばらく使っていこうと思います。

武井さん自身は、ちょっと前までホラクラシーという言葉でダイヤモンドメディアの経営を表現していたけど、これはちょっと違っていたよね。最近は、「自然経営《じねん》」という言葉を提唱して、自然経営研究会というのをやっています。それが広まってきたら、その言葉に換えましょう。どういう言葉でもいいんだけれども、ともかく今までとちょっと違う組織の運営方法が始まっています。

Tenge's Eye 1

『ティール組織』の階層構造は参照モデル

F・ラルーが提唱する「ティール」を頂点とする組織の階層構造は、実際に運営されている組織の実態には必ずしも合致しませんが、組織の進化の「参照モデル」としてはとても有効です。

ホラクラシーというのは、本来は職務記述が厳密なアメリカの産業界における、お作法がきっちりと定まった新しい組織運営法だったのですが、武井さんがお作法を無視してこの言葉を使ってしまったがために、日本では意味不明になってしまった言葉です（天外による斜めから見たコメント）。

F・ラルー『ティール組織』では、やくざ組織などの「レッド」は、恐怖による支配だ、と定義していますが、周知のようにやくざ組織では「義理」と「人情」が強く、親分子分の「共依存関係」が特徴です。個人のレベルとして依存が残っているのは、むしろアンバーですので、やくざ組織はアンバーだと思います。レッドは「ワンマン組織」として定義したほうがいいように思います。それらを含めて、天外が定義しなおした各階層を下記に示します。

①レッド：すべてを掌握した強力なリーダーが、蒸気機関車のように牽引する階

層が希薄なワンマン組織
②アンバー：軍隊のような規則と規律で統率された階層組織、もしくは「義理・人情」と「親分・子分」の共依存関係で強力に結ばれた家族的階層組織。
③オレンジ：目的意識を共有し、効率と実力を重んじる階層組織
④グリーン：平等、多様性、環境などを重視したボトムアップ型家族的組織
⑤ティール：自主性、全体性を重視した上下関係のない生命体的組織

天外　この新しい組織の運営方法というのは、みなさんはそれほど違和感がないかもしれませんね。たとえばみんなでコンパやろうとか、どこかに遊びに行こうとかいうときには、誰でも「ティール型組織運営」を使っているんですよ。でもそれを、金銭が飛び交い、エゴがぶつかりやすい会社経営としてやっているというところが、ちょっと珍しい。僕らソニーの人間は、まったくこれには違和感はありません。創業期のソニーは形式的にはピラミッド組織だったけど、実質的には「ティール型組織運営」の部署が多かったんですね。いまでもスタートアップの多くはこれでしょう。そういう、いままでは暗黙のなあなあムードでやっていた組織の運営方法が、いよいよ正式な会社の運営に入ってきた。そして名前までついたというのが、すごい……。
　実質的な運営だけではなくて、組織の骨組みもそちらに合わせて変えていく、というのがミソです。ソニーの創業者の井深大のような個人の仁徳に頼るのではなく、システムと

して、こういう運営ができるようにするということです。個人の仁徳に頼ると、人が変わると破綻します。ソニーも1995年に社長が代わると、たちまち凋落してしまい、20年間にわたって低迷から脱出できませんでした。

このセミナーは、それをみんなで勉強しましょうというのではなく、この本と武井さんの実践を出発点として、これからみんなでさらなる道を探求していきたい。ですから今回武井さんに教わるというよりは、みんなでそれを、もうちょっと深く突っ込んでいこうというのが、私たちのテーマです。

講師陣の紹介をしたいと思います。武井さんはダイヤモンドメディアという会社を、とんでもない形で運営しておりまして、どうしたわけか、いままでつぶれていない……。隣におられるのが嘉村賢州さんで、『ティール組織』の解説を書いておられます。いつの日か、「自然経営」に言葉が換わるかもしれません。嘉村さんもいろいろと議論をふっかけていただければと思います。もうひとり、山田裕嗣さんがいらっしゃいまして、今武井さんがやっておられる自然経営研究会の幹事、発起人のおひとり。やっぱりこちら方向の経営を、いろいろ迷いながら探求しておられる。

ということで、まず武井さんのお話をうかがって、休み時間のあとに、みなさんの簡単な自己紹介をしてもらいます。そのあと、どちらかというと、毎回ディスカッションにしたいと思います。ですから、みなさんからも積極的に突っ込んで、武井さんをいじめてください。では、お願いします。

ダイヤモンドメディアという会社

武井　だいぶ緊張してますから。しかも経営者さんが多いですよね。たぶん僕よりも歴が長い方が多いとお見受けする。そういうなかで、恐縮すぎるんですけど、天外さんが今おっしゃられたみたいに、ダイヤモンドメディアは、そもそも組織の形が違う。その違う形のまま、もう11年会社をやってきました。途中何度もつぶれそうになったり、失敗しまくったり、社内でうつ病みたいになっちゃう人が出たりとか、いろんなことが起こったんですけど、どうしても管理をしない会社というのを貫きたくて、ああだこうだ、やってたらだんだんできてきたと、そんな感じです。

最近は「自然経営」という名前を考えて、自然の摂理にのっとった組織づくりというのを、ずーっと手探りしながら、会社自体ずっとぐにゃぐにゃしながらやってきました。それを最近はコンサルティングという形で、ほかの会社さんにも提供したりというのを、山田さんと一緒にやっています。

おもしろいことに、僕もこの天外塾に4年前から参加させていただいて、天外さんに教わった「手放す」とか、「いい・悪いをジャッジしない」とか、そういうことをいろいろ心がけてやってきた。がんばらなくても物事が動くようになってきて、それを会社全体でやっているような感覚です。

ちなみに天外塾に参加されたことのある方、いらっしゃいますか？　その方々であれば、僕がこれからお話させていただく内容も、理解しやすいと思うんですよね。あの感覚を、丸ごと会社でやったらどうなるか。そんな感じです。

本題に入る前に、うちの会社がどんなことをやっているのか、むしろやってないのかという話を簡単にさせていただきます。

メインの事業となるのはＩＴです。不動産関係のシステムを作ったり、マーケティングをしたり、不動産投資家向けの資産管理サービスをやったりしています。お客さんは大手が多いです。人材事業も去年立ち上げました。あとは組織コンサルティング事業。事業だけで5つくらいあります。

規模は、正規雇用で二十数名で、業務委託とかで関わってくださる方を入れると35名くらい。そんな感じでやっています。

上司部下なく会社の情報はすべてオープン

武井　いろんなメディアでも言っていますが、うちの会社は上司、部下がいっさいなくて、働く時間、場所、休みが全部自由なんです。それから、会社のお金の情報も全部オープン。一人ひとりの給料までオープンだし、使った経費の内訳もオープンです。お金を使うことに対して稟議がないので、みんなそれぞれの判断で使うし、必要があれば相談する。
それから、なにがないかというと、なさすぎてわからない。僕自身、就職したことが今までにないので、わからないです…、比較ができない。当たり前になりすぎちゃって。

天外　普通の会社のことを知らないから、こんなことができる……。

武井　そうですね。会社理念がないんです。理念がないし、ビジョンがない。経営計画がないんですね。なので営業目標とか、そういうノルマもありません。社長、役員って、法律があるので仕方なく、毎年選挙と話し合いで決め直してます。実際に多数決はしないんですけど……。

それから会社のなかから権力をなくしたいという思いがあって、それを昨年、形にしました。会社の権力を突き詰めて考えると、株主の権力というのが一番強い。それをどうにか無力化できないかと、特殊なスキームを自分たちで考えて、経営管理組合というのを会社のなかに作りました。そこに僕の株を移し、組合が70パーセントくらいの株を持ちました。

つまり、個人で議決権を行使できる人というのが、僕も含めて誰もいなくなったんです。そうすることで、名実ともに会社のなかから権力というものを、完全にゼロにしちゃったんです。そういう取り組みをやったりしてきました。

だから会社のなかで、命令というものがないんです。上司、部下がないから命令がない。未来工業の創業者、山田昭男さん（1931－2014）の、「ほうれんそうなんてポパイに食わしてしまえ」という名言……。

天外　本人は、うちでは報・連・相をやるとクビだ、と言っていたけど、現社長の息子さんに聞くと、親父があっちこっちでそれを言うから、俺はえらい迷惑だって。未来工業のなかでは、報・連・相は普通にやられてます。ただ、絶対それを上から強制しないの。

武井　そうですね。必要があるからやるというので。

天外　やりたければやってもいい。

武井　命令があるから、報告という義務があるって、双方向なんです。共有しておいたほうが便利だから、共有しておく。そんな感じでやっています。

こういう組織づくりというのを、会社を立ち上げた11年前から徹底的に追求していこうと決めていました。

なぜここに至ったかというと、以前、自分で立ち上げた会社を一回つぶしているもので、そのときに、意味のある会社とか仕事をしないとダメだな。誰かが幸せになって誰かが不幸になる会社だったら、プラスマイナスゼロだから、最初からやらなくていいじゃないか。お客さんは幸せだけど、働いている人が不幸せとか、働いている人は楽しくていいかもしれないけど、その家族が不幸せとか、そういう会社にはしたくないと思いました。

ステークホルダーっていっぱいいると思うんです。最近だと、ベンチャーキャピタリストの原丈人さんが勧めている「公益資本主義」という言葉があります。ステークホルダーを、顧客、株主、従業員、社会、地球って……基本的なパートナーとして拡大して考える。そういう考え方と、一緒です。関わるすべてにとっていい存在じゃないと、会社は存在しても意味がないなというのを実感して、次に会社をやるときは、いい会社を目指そうと、11年前にそういう会社を作りました。

そこから普通の経営論ではない本を読みはじめて、そのなかの1冊がセムコの『奇跡の経営』（総合法令出版）だったり、天外さんの『非常識経営の夜明け』（講談社）なんですよね。この2冊が僕のなかでは大きかったですね。

自分が目指そうとしている方向は、間違っていない。でも、その具体的な経営の仕組みがどうなっているのかと、その頃はあまり本には載っていなくて。じゃあ、手探りでやっていくしかないと、11年間やってきて、だいぶ形ができてきた。

そうしたら『ティール組織』という本が出て、なんか海外ってすげえ、ほとんど俺たちのやり方と一緒じゃん、と驚いて……。

天外　その本にダイヤモンドメディアが取り上げられているよね。ラルーが紹介したんじゃなくて、嘉村さんが解説のなかで紹介したんだ。

武井　ただ、やっぱり本にすると、結果としてこういう会社がこういう仕組みでやっているという、静的な切り取りになってしまうんです。僕らの会社って営みなので、今やっていることと、1年前とその前と、全然違っていたりもするし、そのときどきに必要性のあることしかやらないので、伝えるのがすごく難しいんです。

3章

ダイヤモンドメディアではカオスが常態

【解説】

機械的な組織から生命体的な組織への変容は、指導することもできますが、社員の大半が辞めたり、社長が代わったり、きわめて大きな衝撃を被る、といいます。自然農法に倣って「自然経営」という言葉を作りましたが、自然を「じねん」と読ませています。役職がなく、「責任と権限」が分散し、「計画・実行・評価」の代わりに「シミュレーションと適応」でオペレーションが進みますが、そのためにITツールが多用されています。

街づくりだけでなく、教育も組織づくりとの共通性があります。サドベリー教育などの新しい教育とダイヤモンドメディアの共通点は、整理された秩序がなく、カオス状態のまま運営されている、ということです。カオス状態のなかで居心地が悪い人は、組織内にとどまることが難しいでしょう。

セミナーの実録

武井　自然経営という言葉が生まれたのも、福岡正信さんの自然農法という農法にインスパイアーされて、自然という字を使いたかった。
　でも、自然《しぜん》経営っていうと、ちょっと弱そうだねというのを山田さんや会社のメンバーと話していて、座禅の禅みたいに、外国人がかっこいいと思う響きにしたいねと。だったら「し」より「じ」のほうがいいんじゃないって、ただそれだけです。自然の「じ」は「Z」にするか「J」にするかという、そういうくだらないところで真剣に悩んでました。「J」です。「Z」にすると「ずぃねん」になって、それは言いづらいので。

「自然経営」とは？

■ 情報や権限が分散し、自律的に個々の人やチームが変化へと適応する、「生命体的な組織」を指します。

■ 機械的な組織からの「進化・成長」ではなく、「変容」と捉えています。

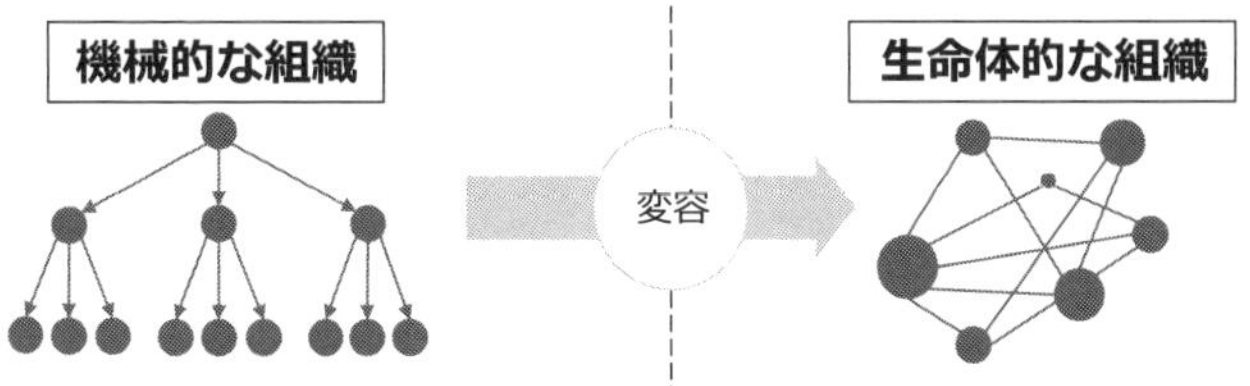

	機械的な組織	生命体的な組織
情報の流れ	✓ 上から下に流れる ✓ 一箇所に集まる	✓ あらゆる方向に流れる ✓ 組織内に等しく行き渡る
責任と権限	✓ 上に行くほど権限が大きい ✓ 意思決定の責任が明確	✓ 権限は分散している ✓ 意思決定の責任が明確にできない
計画と実行	✓ 将来への「計画」を入念に作る ✓ 計画→実行→評価のサイクルを回す	✓ 計画は立てない（シミュレートはする） ✓ 起きたことに「適応」する

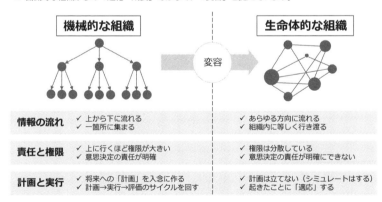

自然経営研究会を社団法人化することになりました。僕と山田さんが共同代表です。英語表記だと、「JINEN MANAGEMENT INSTITUTE」。「JMI」。
この団体自体を、上司、部下のない透明な組織として、ほったらかしのまま運営していこうというのを、今社会実験的にやりはじめているところです。
自然農法のどういうところにインスパイアーされたかというと、その考え方のまんま一緒なんです。自然農法って、特徴が4つあって、耕さない、肥料をあげない、雑草を抜かない、農薬をまかない。何をするかといったら、何もしない。それが長い目で見ると、収量がどんどん上がっていくという。

天外 福岡正信は、収量がよかったけれど、彼のまねをして収量がよかった人ってあんまりいないよ。収量よりも、まずおいしいっていうのが一番のポイント。自然農法で収量というと、自然農法をやっている連中からは反発があるかもしれない。本当においしい。きっと経営もおいしいんでしょうと……。

武井 ほんと、そうだと思いますね。ダイヤモンドメディアって、2017年にホワイト企業大賞をいただいたんですけど、会社のなかで、うちの会社ホワイトなの？ どうなの？って、みんなぶーぶーいってました。でも、透明なんですよね。それは間違いなくて。透明なので、自浄作用が働くので、残った人は満足度が高い。満足度が低い人は、自然と辞めていくという仕組みなんです。
僕は、ＩＴの会社をやっているくらいなので、すごい理屈っぽいところがあって、会社というもの自体をシステムととらえて、めちゃくちゃ緻密に設計しているんですね。だから、全部説明できますし、ほかの会社でうちの取り組みをする場合にも、インストールできる。

インストールというか、OSがそもそも違います。そこからぶっこわすと、今まで作ったアプリケーション全部が使えなくなっちゃうという現象が普通に起こります。たまに僕らが支援している会社さんとか知り合いで、それでもいいからやりたいっていってくれる会社さんもいるんです。そうすると見事に全部ぶっこわれます。

どのくらいぶっこわれるかというと、社長が代わっちゃうとか、事業が全部変わっちゃうとか、人が半分辞めちゃうとか、そういう感じで生まれ変わっちゃう。それが、まさに天外さんが天外塾でおっしゃっていた「変容」。

僕らが自然経営という言葉をなぜ好きこのんで使っているか。シンプルに言っちゃうと、会社というものを、生命体的な組織としてとらえている。パラダイムが違う。ただ逆にいうと、ここだけとらえちゃえば、どうにでもなっちゃうんです。

組織を生き物としてデザインする

武井　いままでの組織って、会社のなかのすべてが機械的に設計されているんですね。どういうことかというと、全部因数分解なんですね。社長がいて、取締役会があって、役員がいて。なんとか事業部の管掌役員とか、なんとか担当役員とか。その下に部長がいて、課長がいて、係長がいて、平社員がいて。だからピラミッドとかヒエラルキーとかと呼ばれます。

組織のなかで何が起きているかというと、情報の流れというものが、組織のなかで血液のように流れています。それから、なぜ役職が分かれているのかというと、責任と権限というのを明確にするためなんです。どこで何を決めるか、責任をどこに帰属するのかというのを明確にするために役職というのがある。

それから計画と実行と評価という、いわゆるＰＤＣＡがそのなかで行われている。でも、僕らみたいに、組織を生き物としてデザインすると、その３つが分散化しちゃうんですね。人間の体と一緒だと思うんですけど、脳が全部決めているんじゃなくて、それぞれ臓器同士でやりとりをしていたりとか、分散化している。

分散化させるために何が必要かというと、ＩＴが必要なんです。最近ブロックチェーンとか仮想通貨とかっていわれてますけど、あれはすべて分散化させる技術なんですね。

中央に銀行がなくても、Ｐ２Ｐ（ピアツーピア）で通貨の価値を担保し合うというのが仮想通貨。うちの会社は、それとまったく同じ組織構造になっているんです。なので、責任というものが、分散化しちゃってるんです。

だから「社長を出せ」と言われても、僕は絶対に出ないです。その問題、僕には関係ない。逆にそこまで来ないですね。その前に誰かがその問題を解消しちゃいますし。何か会社として成果が出たとしても、成果に対する貢献というか、功績というものも分散化しちゃっているので、これは誰の功績だとか、誰の生み出した成果だとかいう、直接的に紐付いたというものがないです。

だから給与制度も、インセンティブといわれる、歩合制みたいな給与制度じゃないんです。分散化しちゃってるから、功績がたどれないんです。

あとはPDCAというのも、時間軸で、計画して実行して評価するという時間軸ではなくて、それが同時に起こっているというイメージです。これは説明がすごく難しいんですけど、シミュレーションはするんですけど、計画を立てて、それどおりに実行しようという気はさらさらないので。慣れない人はすごい戸惑うんですけど、なんとなしに進んでいく。

全体性＝ホールネスという考え方

武井　これって、組織でいうとわかりづらいんですけど、日常生活では普通に起きていることです。これは現象といわれていて、人間の体でいうと新陳代謝みたいな現象なので、同時に起こっているんですね。

僕が今からお話しさせていただくことも、機械的なイメージで、因数分解しようとしないでいただきたいですし、生き物の話をしていると思って聞いていただきたい。その前提を変えるだけで、理解度がだいぶ変わると思います。

機械を設計したり、プラモデルを組み立てるんじゃなくて、ペットを育てるみたいな感じくらい違うんですね。プラモデルは組みあげていくと全体ができる。つまり、パーツというのは全体の一部なんです。

ペットは生き物なので、部分は全体の一部ではあるんだけど、部分自体が全体性を持っている。「ホールネス」って全体性という意味だと思うんですけど、これが「ホラクラシー」という言葉の語源でもあり、それは生き物的にデザインしないと生まれないんですよね。「機械」的な組織をどうしたら「生き物」的な組織にできるかという話は、直線的な成長とか改善とかいうものではなくて、変容です。生まれ変わり、別もの。機械をいくら磨いても機械は機械でしかないですけど、それにどうやったら生命性をもたらせられるか。組織という有機体にどうやったら生命性を吹き込めるか。

命というものを研究してみたりとか、植物とかアリとか、社会性生物といわれるハチとか、そういうのを研究して、宇宙とかそういうのを調べました。天外さんの書いている怪しい本とか読んだり。

天外　そのときの生命性って何なの？　それを言葉で説明できない？　生命性を吹き込むとは？

武井　たとえば生きてる人間と、死んでしまった人間は、たぶん化学的な物質でいうと一緒なんですけど、生きていると生きてないって明確にあるわけです。何が違うかっていうと、新陳代謝が起きているかということで、それが生命性です。

それって構成されている物質の違いではなくて、物理的にいうとエントロピーの問題です。宇宙ってずっと広がっている状態っていいますけど、放っておくと、エントロピーってずっと増大するんですね。エントロピーの増大と減少、この両方が交互に起きる、これが生命性なんですね。化学反応でいうと、酸化と還元。

なので、組織のなかで、還元する仕組みを作ると、組織が生き生きしはじめるんですね。

組織づくりと街づくりの共通点

武井　これは組織だけじゃなくて、社会システムでも同じです。僕は、不動産系のITの仕事をしているので、国土交通省のアドバイザーもやっています。地方創生とか、廃校になってしまった小学校をコミュニティとしてどう再活性化させるかといったプロジェクトをやらせてもらったりしています。また、不動産業界団体の役員とか不動産テック協会という、不動産とテクノロジーをつなげる協会の代表理事をやったりもしています。
いきなりマニアックな話をしてもいいですか。街づくりと組織づくりというのが、まったく一緒だってことがわかって。だから、今は、様々な勉強をしています。不動産、建築学、コミュニティデザイン、社会システムデザインなどです。そういうコミュニティにもいくつも入っていて、若手官僚の方と、社会システムを書き換えていくプロジェクトをやったりとか、世田谷のまちおこしをやったりだとか、いろんなことをやっています。

その過程で、組織も街も全部一緒だと思っています。長く続く街や村っていうのは、生きているんですね。そういう地域は自然都市って呼ばれています。一方、ニュータウンとか、開発された郊外のベッドタウンっていうのは、街が死んでいきます。それは人工都市と呼ばれています。

機械的に作られた街というのは、サステナビリティがないんですね。一方で、生命体的な組織、生命体的な街とか、商店街ってずっと元気なんです。

天外 生命体的な街というのは人間が意図して作れるの？

武井 作れます。

天外 昔々、筑波研究学園都市というのができたんだよね。それこそ人工的に整理された美しい都市で、学者をいっぱい集めたんです。そうしたら、学者の自殺がものすごくあって、大問題になりました。武井さんなんかが生まれる前の話です。

そのあと、赤ちょうちんがいっぱいできたら、不思議に自殺が収まったんですね。生きした街っていうのは赤ちょうちんに象徴されるかもしれない……。赤ちょうちんがいっぱいできて、自殺がなくなったときに、僕の解釈は、人間っていうのはどろどろしているから、どろどろした街じゃないと住めないのかなと思ったよね。

武井 そうなんですよ。そういうのが必要なんですよね。都市開発とか都市計画とか建築とか。東洋的な言葉でいうと、風水。風水も、風水環境科学という分野があってですね、それも統計的ではあるんですけど、統計学に基づいているわけじゃなくて、結局すべてが何に基づいているかというと、人に基づいているんですね。

全部がつながっているので、有機的なんです。僕がお話しした話って、ラルーは、「存在目的」、「自主経営」、「全体性」のなかの「自主経営」を支える3要素を、さらに「情報の透明化」、「意思決定プロセスの権限移譲」、「人事プロセスの明確化」として挙げています。

街の話とITの話と組織の話と人間の心理学と、別々に聞こえるかもしれないけど、全部つながっているので、一緒なんですよね。

街とか不動産の定義って、いままで時間と空間って2つで設計されていたんですね。時間というのは、駅徒歩何分とか、そこで過ごす時間。それから空間というのは、いわゆる広さ、建物のスペックとか、そういう物理的なものですよね。

だけど、この時間と空間に加えて、3つ目のじんかん、って僕は呼んでいるんですが、人の間、人間と書いてじんかん。時間、空間、人間。じんかん（人間）というのが一番重要なんです。じんかんというのは、建築学だとかなり昔から研究されていて、ようやく日の目を浴びはじめた。不動産会社なんかだと、ちょっと意識しはじめたようです。

そもそも人間同士の営みとか動きとかいうものがあって、それが一番最初にあるんです。それに合わせて組織や街や建物をデザインしていくというのが、一番自然にのっとっていて、人間の心の幸福度が上がるんですよね。

ニュータウンとかがなぜつぶれたかというと、そういうのを無視して、最初に箱を用意してるんですね。でも用意された箱って、一時期はうまくいくんですがうまくいかなくなるときがくる。今の大企業、レガシーな仕組みで作られた先に箱が作られている組織も同様です。

どういうときにうまくいかなくなるかというと、不動産を見てて、わかったんですけど、人口が減りはじめると機能しなくなっちゃうんです。たとえばＧＤＰなんかも、人口と強い相関関係にあるので、人口が減るとＧＤＰが上がらないのが、むしろ自然ですし、ＩＴが発達して中間の流通とかがなくなると、ＧＤＰが減るのは必然で。

たとえばメルカリみたいなＣtoＣが、どんどん増えていますが、いままでみたいに誰かがものを買って、それをリサイクルショップに売って、それを業者が別の業者に転売して、それが小売で誰かに売るとかなると、ＧＤＰの計算って、全部の売上を計上するから、必要以上に膨張していくわけですね。だけど、ＣtoＣになるとすっきりしちゃうので、ＧＤＰは劇的に下がっちゃう。

つまり、豊かさを計るうえで、ＧＤＰというのがあんまり機能しなくなっている。これからの社会、人口が減って、ＩＴが発達しているという環境下において、ＧＤＰはほとんど意味を成さなくなっていくだろうと思います。もちろんＫＰＩとして取っていいとは思うんですけど。それをいついつまでに６００兆円みたいに言っちゃいかんと、僕は思うんです。

だから、街も、人口っていうものとすごく比例していて、人口が増える街は難しいことを考えなくてもどうにかなるんですよね。

天外 会社もそう。売上がどんどん上がっているときというのは、楽に経営できるね。

武井 社会システムも組織も人口が増えるとか、拡大するって前提でしか、制度設計がなされてないんですよね。だから人口が減りはじめて最初に問題が出るのは、そういう問題を先送りしていた仕組みである年金とか、医療福祉とかそういうものですね。

それに適応させるために画一的に作られていた教育とか、企業のなかの企業年金もそうです。

目に見えない組織の生命性

武井 去年、韓国からサムスンや、海外のビジネススクールが、うちの会社を見学に来ました。いろいろ見学したいといわれても、うちの会社はただのオフィスで50坪くらいしかないので、2分くらいで終わっちゃうんです。

天外 だいたいあんまり人がいないよな。

武井 そうです。出社自由だし、だから5人、10人くらいしかいないんですよね。本当に来てもなんにもないっていうんですけど、みんな行きたいっていうから、しょうがないから、まあいいよって言ってるんですけど。

見学してもたぶんわからないんですよね。普通にエンジニアはプログラミングしているだけなので。そこだけ切り取るとわからないんです。営みとして代謝というか、生命性があっても、それって目に見えないのでわからない。体感すればすぐわかるんですけど。

こういう新しい組織の形、新しい教育の形、福祉の形、新しい自治体とか政治とか、そういう運営の仕組みって、ティールの本もそうなんですけど、ほとんどヨーロッパの事例ばっかりなんですね。

日本でも、うちのような会社が増えてきています。なぜなのか、この共通点がシンプルだなと思ったのは、人口が頭打ちになった先進国なんですよね。これは間違いない。アメリカってまだ人口が増え続けているし、土地も余っているので、たぶん必然性があまりないんですよね。

こういう新しい経営や、教育はヨーロッパのほうがめちゃくちゃ進んでます。おもしろいことに、新しい教育と、僕らがやっていることって、まったく一緒なんですよね。そういう教育をやっている知り合いもいっぱいいます。話をすると、一緒だ! と思います。いかに教えるかとか覚えさせるかとかじゃなくて、何をしたいのかとか、そこに向き合う機会を作ったりとか、自発的な熱量だけで。結果として学んだという、そんな感じですかね。

うちの会社も、仕事したくなければしなきゃいいじゃんって、ただそれだけなんですよね。したくないんだったら、会社辞めればいいじゃん。うちの会社、けっこう、人が辞めるんですね。それを離職というふうにはとらえていません。

天外　要するに人を抱えこんで、その人たちをなんとかしようという意図はまったくないと。だから空洞みたいなもので、そこを人が通り過ぎていく。

僕も教育をやっているので、今の話でちょっと感じたのは、武井さんみたいなオペレーションと新しい教育の共通点は、カオスだよね。カオス状態で運営されている。サドベリー教育なんかもカオスで運営されているし、武井さんの会社もカオスで運営されている。

先週の土曜日に、武井さんが主催した会議で、ティールとかホラクラシーとかの新しい経営をテーマに大きなカンファレンスをやるのか、やらんのか、ようわからん討議をしたんだけど、最初から最後までカオス状態のままだったね。そのカオスの中で楽しく過ごしている人もいたけど、まったく居心地が悪そうな人もかなりいたね。その差は大きいと思うよ。

武井　どう感じるかはやってみないとわかんないですよね。実際に僕らも新しい人が入ると面接などをやっていますが、なかなか理解できないと思います。

こういう経営スタイルなんですよって話は、誰かが新しい人に、ちゃんと話はするんですけど、「そういうのわかります、すごくいいですね」と言っても、頭ではわかるけど、実際にこういう環境に浸かってみると、居心地悪く感じる人もいるし、意外と居心地よく感じる人もいる。

なので、うちの会社は、できるだけ、いきなり採用しないで、まずはこの仕事を一緒にやってみようよって、部分的に始めてみる。よかったら一緒にやろうかって。

4章

ポリモルフィックネットワーク（多形構造《タケイコウゾウ》）を武井浩三《タケイコウゾウ》が目指す

【解説】

「合う・合わない」の議論から、ダイヤモンドメディアにおける組織の柔軟性が語られました。昔の武井は、すべての人を持ち上げようと必死になっていたけど、そうすると、どうしたわけか、みんな不幸になっていきました。

天外塾で「いい・悪い、の判断をしない。ただ見る」ことを学び（注：鳥の瞑想、という手法）、「合わない」ことが悪いことじゃないということに気づきました。それから、転職をあっせんする「Tonashiba」というビジネスを始めました。「隣の芝は青く見える」から来ています。

「Tonashiba」に登録した会社は、会社と会社の境界が薄くなります。これからの社会は、このように重なりあう社会デザインが大切になる、という武井のビジョンが語られます。

いまでは、残っている社員のほとんどが副業をしているし、自分の会社を別に持っている人もいます。社員と業務委託の区別もあまりありません。

ヒエラルキー構造だと、人の役割は一義的に決まりますが、複数の役割を並行的に持つ人たちの立体的な組織構造をポリモルフィックネットワーキング（多層的に重なり合う社会構造）といいます。日本語にすると「多形構造」、たまたま「武井浩三」と同じ発音になります。

セミナーの実録

武井　入社するとかしないとかいう形式も、どっちでもいいと思ってます。だから山田さんも深く一緒にやらせてもらっていますけど、山田さんは自分の会社を持っているし、うちの会社の名刺も持っている。

それからうちの会社、雇用関係にある人でも、副業をしている人も多い。副業の申請も必要ないので、何をしているか僕も知りません。みんなが組織のなかで分散化しているだけでなく、組織の外にも分散化していて、いろいろなところで多層的に重なりあっている。だから依存先が複数ある。そういう弱いつながりをたくさん持つほうが強いんですよね。

機械的な組織では、上司と部下って関係性が1本しかない。だから1本が切れるとすべてがダメになってしまう。もしくは連絡網だと、昔の小学校の連絡網って、先生からみんなに連絡が行って、明日雨で中止ですみたいな連絡をするときに、誰かひとりが連絡を間違えると、その後ろからは伝言ゲームみたいに、みんな間違えちゃう。

これは、ヒエラルキー組織のなかで起こっていることです。社長が言ったことが、その意図で伝わらない。文脈、コンテクストと呼ばれるものを共有できなくなっている。共有できないから、共有しやすい数字とか目に見えるもので伝えていこうとするわけです。だから、いついつまでにこの数字を達成してくれと、解釈の違いが起きにくいコミュニケーションになっていっちゃう。たとえば東芝だったり、いろんな会社が不祥事を起こしてしまったりとかありますけれど、あれは、組織のモラルの話とか、そういうふうにとらえるよりは、組織構造の話だと思っています。

組織構造っていうのを、もうすこし広げてみると、株式市場、資本主義の経済システム自体の脆弱性というか欠点だと思ってますし。それ自体をどうにか変えていきたいなと思ってます。

なので自分たちが提供しているビジネスモデルっていうものも、不動産業界の関係性というものを、いままでよりももっと複雑にして、より生命体的なマーケットにするためのサービスと考えてます。

現在やっている人材事業は、企業間で社員同士を交換しちゃおうという事業です。これも、企業間の有機的なつながりというのを、合法的にとりやすいビジネススキームとして考えました。

うちの会社って、給料をオープンにして、話し合いでそれぞれの給与を決めていくという方法でやっていると、合わない人っていうのが必然的に出てくるんです。でも、合わないってこと自体を悪いこととしてとらえてないんですね。

みんなが幸せに働けるように

天外　合わないっていうのは、その人の希望する給料とみんなが話す給料が合わない？

武井　給料だったり、働き方だったり、仕事の内容だったり。

昔は、意識がずれたときに、この人を持ち上げようということを、すごくがんばっていたときが何年もありました。でも、やればやるほど、みんなが不幸になっていくんですよね。自分のせいでみんなに迷惑をかけちゃっているとかって、本人も辛くなるし。

その人が会社に来れなくなったりすると、休んだ間のお金も負担しなきゃいけないとか、誰にとってもよくなくて。

天外塾を受けたあたりから、「いい悪いを判断しない。ただ見る」という感覚になってから、どっちがいい悪いじゃないいなと考えるようになったんです。やっぱりうちみたいに小さい会社って、事業内容自体すごい変わるので、いままでうまく会社にはまっていた人材も、会社がずれてくると、ずれたりする。

これって価値観だけじゃなくて、能力とか知識とかそういう現実的な部分もあります。

ずれたときに、この人ががんばって戻せるんだったらいいんですけど、こいつが悪いとか会社が悪いという話をしても意味がないので、ずれちゃったねという事実だけをフォーカスしてみんなで話し合うようにしたんですね。

そうすると、部署を変えたほうがいいとか、しょうがないから給料を下げたほうがいいとか、副業したほうがいいのか、なんなら転職したほうがこの人にとっていいんじゃないかっていう考え方も出てくる。うちの会社では、選択肢のなかに転職という選択肢も入っているわけです。

じゃあ、こいつの転職先をみんなで探すかとか、知り合いがこういう人を求めてたから、そこを紹介するよっていうことを、5〜6年前くらいからやってたんですよね。

で、実際に違う会社に行って、半年くらい働いて、よかったら入社させてもらう。ダメだったら、返品って呼んでいるんですけど、1カ月でも返品になります。たまに戻ってくるんです。やっぱり、彼はダメなんだと。

そうすると彼も、会社が悪いんじゃなくて、俺がダメなんだなって、客観的に理解できるようになります。こういうところのほうがいいかなって、また別の会社に行って、みたいなこともあります。

うちの会社で、たまたまその時は幸せになれなかった人が、ほかの会社に行ったら、すごい気持ちよく働けるようになったということが何回もあって、これはいいな……と。

しかも、今の労働基準法だと、人をクビにするって、実際ほとんどできないじゃないですか。いくら、あなたの人生のためだからといっても、戦力外通告みたいな雰囲気になっちゃうので、やっぱり傷を負っちゃうんですね。

でも本来いい・悪いじゃなくて、どうしたら会社が一番いい状態になるのか、その人が一番いい状態になるのかって考えて、会社のなかだけじゃなくて、ほかの会社も含めて最適化、適材適所をどうやったらできるかというほうが自然だと思ったので、そういうことをやってみました。

そうしたら知り合いの会社とかからも声かけられるようになって。それで人材免許を去年の末に取って、今年の頭くらいから事業としてやりはじめました。

その事業も山田さんに手伝ってもらっています。

転職をサポートする「Tonashiba」

天外　それはどこからお金を取るわけ？　相手から紹介料を取るの？

武井　そうです。ビジネスモデル的に3段階作って、まずトレーニング、次にトライアルというお試し、最後は転職です。トレーニングは、企業の新卒同士を混ぜて研修します。自分の会社だけじゃなくて、ほかの会社を見ると相対化されてはじめて客観視できるので、それをやりやすくするために、段階的にサービスというのを作りました。

サービスの名前は「Tonashiba」。「隣の芝生は青く見える」ですね。青く見えるのだったら、行けばいいじゃないかって話で、行ってみたら、うちのほうが青かったかな、みたいなときもあります。そういうのを理解すると、その人が3カ月後とかに戻ってきたときに、めちゃくちゃロイヤリティが上がるわけです。この会社いい会社だから、もっとがんばるってケースもあるだろうし、逆に世のなかもっといい会社もいっぱいあるなって場合もあったり。

逆に自分自身が、自分は社会のどこに出ても、けっこう通用するんだな。だったら独立したほうがいいかなって人もいたり、いろいろです。

天外 今年の初めからやって何人くらい。

武井 今全部で5~6、7人。そんなに多くはないですけど。

天外 その5~6人のなかで、ダイヤモンドメディアの人は何人くらい?

武井 3人くらい。僕も行きましたよ。

天外 社長も転職する。

武井 ほかの会社を手伝うという感じです。

それをやってすごく思ったのは、なんてコスパがいいんだろうと。社長になって現場の仕事を離れて、抽象度が上がった仕事をするようになればなるほど、時間の自由ってきくようになるので、世のなかの経営者をシェアしたほうが世の中よくなるだろうって、すごい思いましたね。

もったいないですよね。これをやらなかったら、社会的な損失だなと思いましたね。

こういう重なりあう社会デザインというのが、これからはいろんなところで必要だと思っています。

役割を固定させない

武井　『ティール組織』でも触れてますけど、人間って、全人格性って一人ひとりが持っています。たとえば僕なんか、天外さんのコミュニティだと若造なんで、雑用をやったりするかもしれない。でも別のグループだと、リーダー的だったり、お笑い担当だったり、こっちだと意外と無口なキャラだったりする。

たぶんみなさんも所属しているコミュニティごとに、ちょっとずつ自分の役割とか、人格が違うと思うんですよね。本来人間って、いろんな顔を持っているはずなんです。でも組織のなかだと、役職とか肩書きとか、役割に固定化されちゃうんですよね。それが人間の精神をおかしくさせちゃうんですよね。

全人格性をどんな環境でも発揮できるような精神の持ち主だったら、なんでもいいんですけど。人間って置かれた環境に自然と最適化してしまうので、環境自体をどうデザインして全人格性をどう持ち込むかというのがポイントだと思います。

組織のなかにおいては、その人の役割を複数持たせることによって、それ自体が緩和されます。あるいは組織の外でもその人の社会性を発揮できるようなコミュニティに属するとか。家族でもなんでもいいんです。複数になればなるほど、人間って精神的に安定してくるんですね。

こういうのを複雑系って呼んだりします。いじめの原理も一緒で、閉ざされた空間、閉鎖系のなかにいるといじめって起きやすくなるんですね。それはなぜかというと、役割が固定化されていくから。

天外　オープンキャラクターオーガニゼーションあるいはポリキャラクターオーガニゼーション。武井さんが話したことを象徴的に表現するいい言葉、何かないかな。

武井　おもしろいのは、そもそも小学校とかで習い事をたくさんしている子どもって、いじめにあいにくいっていう話を聞いたことがあるんですね、学校以外のどこかで自分のアイデンティティ、ほかの人よりもここが優れているとか、俺はこれだっていうのをつかみやすいので。そうすると空気感的にいじめられにくくなってくるんです。

しかも学校の外とつながっているとさらにいい。学校なんて、究極に閉ざされた空間なので、いじめがずっと起きるんですね。たとえばいじめられっ子が転校したとしたら、別の子がいじめられっ子になっちゃうし、いじめっ子がいなくなっても、別の子がいじめっ子になっちゃうんです。

だからいじめっ子を責めたり、いじめられる側にも原因があるんだという話をしても意味がなくて、その環境自体が悪いんだっていうのが僕の考えです。だから会社のなかでも、人に対していい悪いって一切判断しないで、どうやったらいい環境になるかということだけを考えている。それが自然の法と通じることになります。

複雑系マネジメントとは

武井　重なりあう社会って、英語で言うとポリモルフィックネットワーキングという言葉になります。

天外　そういう言葉があるんだ。

武井　ポリモルフィックネットワーキング。多層的に重なり合う社会構造です。これ、日本語に直すと、たくさんの形が重なりあう構造体で、多形構造っていうんですよ。僕の名前はタケイコウゾウなんです（笑）。これはなんか、運命感じちゃうな、俺。これほんとなんですよ。

ホラクラシーを作ったトム・トミソンさんという方を賢州さんが呼んでくださって、僕も直接お話ししたら、何が違うのかが僕のなかで明確にわかりました。それは、「複雑系」ということ。複雑系の反対は単純系。単純系って、因数分解の話ですね。複雑系というのは、構成要素が無限にあるから、予測できない。複雑系マネジメントという言葉があったり、自己組織化とか自律分散組織とか、非管理型とかいろんな言葉がありますが、だいたい全部一緒です。

僕らが会社としてずっと取り組んできたのは、それを概念として理解するだけじゃなくて、構造体としてどう具体的に設計して、デザインして、稼動させて修正していくのか。そういうことを10年間くらいやってきて、なんとなくこういうことだろうなっていうことがわかってきました。

しかもそれが、組織だけじゃなくて、街づくりやいろんなことに応用できるのがわかったって感じですね。

複雑系マネジメントを研究されているのが、多摩大学の田坂広志さんです。僕は田坂さんのことが大好きで、彼の本を読んだり、お会いしに行ったりとかしています。

彼は20年前くらいから、ホロン経営という言葉を使っていました。ホロンとは全体子。物理用語、哲学用語です。ホログラフィーとかと一緒で、部分に全体性が含まれているから、部分が欠けても、ちょっと荒くなるけど全体性があるということで、フラクタルとも一緒ですね。このホロンにデモクラシーとかヒエラルキーとかの単語をくっつけてホラクラシーという言葉になっているわけなんです。

ＡＩとか機械学習とかディープラーニングとかいろんなバズワードがあって、人間がＡＩに置きかえられるんじゃないかという話もあります。僕はあれは、単なるパターンラーニングでしかないと思っています。なぜかというと、あれは全部、因数分解なんです。そのパターンを読み解いて、このパターンのときはこうやるとかやっていきます。しかも、機械はそのパターン自体に意味づけをできません。

だから閉鎖系のなかで、ルールがあるとめちゃくちゃできるんですよね。囲碁、将棋、チェス、オセロとか、単純なゲームほど機械は強いんですよね。

だけど自然界の複雑系になったとたんに機械は力を発揮できなくなる。たとえば天気予報って全然当たらないじゃないですか。1カ月後の天気って、まったく当たらないですからね。自然界って、構成要素が多すぎて、ちょっとした要因で変わっちゃうので、天気予報がずっと当たらないのはそういうことなんですよね。だから1年後とか半年後とか天気予報が当てられるようになったら、いよいよ機械が人間を超える時代になるのかもしれないです。少なくとも僕が生きている間はないかなと思います。

複雑なものって、構成する要素が無限です。バタフライエフェクトって聞いたことあります？　地球の裏側でチョウチョがはばたいたら、それが日本に影響を及ぼすみたいな。あれが複雑系です。

Tenge's Eye 2

バタフライエフェクト

カオス理論によると、非線形微分方程式で、初期値のほんのわずかな違いが、あっという間に大きな違いに発展することがあります。東京でチョウチョが羽ばたいた影響がニューヨークの嵐を呼ぶ……的な非現実的な極端に誇張された比喩で語られることが多いけど、ちょっと素人だましの、誤解を招く表現だと天外は思っています。

いい悪いを判断しない

武井　ダイヤモンドメディアの経営は、複雑なものは機械的に因数分解できないので、複雑なものを無理やり単純化して扱うのではなくて、複雑なものをそのまんま、どう向き合うかというような関わり方になります。

子育てと一緒ですよね。子どもの行動って予測できないから大変です。僕らの会社は複雑なものをコントロールするんじゃなくて、ハンドリングするみたいな感じです。複雑なものとどう向き合うか。複雑なもののなかには、いい悪いというのがないので、ジャッジしないほうがいいんです。将来を予測できないから、予算とか経営計画を立てることをがんばるよりも、今何が起こっているのかをリアルタイムで把握するようにＩＴの仕組みを作ります。それをみんなで見ながら、今どういう状況なんだろう、どうしたらいいのかと、常に対話をしながら複雑なものと向き合う。そういう関わり方なんですね。

うちの会社は、予算がないとか経営計画がないというと、適当な会社だと思われがちなんです。でも、会社のなかのＩＴのインフラは、めちゃくちゃ整っています。月次決算は4営業日後くらいにはがちっと締めます。しかも売上も、請求書の発行から、入金の消しこみ、会計の科目分けから、ボタン一発で全部自動化されています。

お金回りはしっかりやっているんだけど、予測しない。けれどシミュレーションはする。シミュレーションをしなかったら、それは単なるばかだ。

天外　達成すべき目標としては、とらえないということだよね。

5章

組織の自浄作用

【解説】

一般には、社員の定着率が低いと、経営が悪いと思われています。ブラック企業の指標のひとつになっているくらいです。ところが、いまのダイヤモンドメディアは、社員が辞めることに一切の抵抗感を持っておらず、定着率は良くありません。

特殊なオペレーションをしているし、それもどんどん変わるし、業態も変化するし、合わない人が出てくるのは当然で、それは「いい・悪い」を超えて、ただ合わないという事実だけを認識します。

前章で紹介した「Tonashiba」のようなシステムが用意されていて、転職が積極的に支援されています。その他にも、自浄作用が働いて、入社1カ月で辞めていく人も多いとのことです。

ところが、自浄作用が働かないこともあります。コントロール願望が強く、正論を吐く管理型の役員に退職してもらったというエピソードが語られます。結果的にその後会社はどんどん良くなったということなので、正解だったのでしょう。クビにするやり方は決して「ティール的」ではなかったのですが、その役員のやり方も「ティール的」ではなかった。彼も他社では通用するでしょうから、「いい・悪い」の問題ではなく、「合う・合わない」あるいは、どちらを選択するか、という問題でしょう。

すべてを原則通りに進めることはできませんが、本質を踏み外さないことが大切です。

セミナーの実録

武井　天外さんの本に、どんぶり勘定でいいんだって書いてあって、一時期、本当に管理会計を捨てたことがあったんですよ。そしたら会社がつぶれそうになった。慌てていろいろ戻して。どんぶり勘定でも勘定はやっぱりしないといけない。そのときは、どんぶりを捨てちゃったみたいもんだったので、あのときはさすがにあせりました。

天外　あれは、出路雅明さんの言葉なんだよな。彼の経営学の本のなかに書いてあった。天外の言葉じゃないんだ……と、言い訳している（笑）。

武井　そうですね。解釈を間違えると痛い目にあう。僕らけっこう痛い目見ながら整えてきたんです。

天外　その頃天外塾に来たんですよね。すごい管理型のメンバーが入って、それですごい悩んでいるときだった。

武井　彼と議論をすると、新規事業をことごとくつぶされるんですね。計画どおりじゃないからとか、いつになったら黒字化するんですか？みたいな。会社ってそういうもんでしょうみたいなことを言うんですよ。

一理あるじゃないですか。実際にお金が入ってこなかったら、事業は続かないわけで。一理あるけど……みたいなもやもやがずっとあって。2年間くらい苦しくて。でもそうでもしなきゃ、新規事業なんか立ち上がらないだろうとか。今世の中にないことにチャレンジすればするほど、どうなるかわからないんだから、計画立てても意味ないし、とか思っていました。

彼と議論すると、未来を描けない。そうは言っても予測っていうのがあって、そこに対して結果がどのくらいで、その差分が何パーセントで、それがなぜ起こってしまったのかっていうのを分析して、みたいな話になってしまう。

確かに正しいっていっちゃ正しいしな……みたいな……。で、苦しくて天外塾に来て、鳥の瞑想みたいなのをして……。で、最終的に彼に「会社の経営から離れてほしい」と伝えたんです。

振り返れば、これも必要なプロセスだったのかなとも思います。それから4年近くたちます。会社の規模的には、人が増えたりとかいろいろありますけど。何よりも楽しい。すごい楽だし、楽しい。いい・悪いでコミュニケーションしてくる人がいなくなったので、こっちが正しい、こっちが正しくないじゃなくて。俺はこう思う、俺はこう思うって、それだけの話し合いになった。そういうふうに会社が回るようになって、そこから新しい事業がぽんぽんぽんぽんとできて、なんかいい感じになったんですよね。

責任を追及してもわからない組織

武井　勘違いしていただきたくないのは、僕らみたいな会社をやってるから、すごいぴかぴかな会社かというと決してそうじゃないです。僕らの会社自体も、外の環境とか、新しい人が入ってきたりすると、やっぱりひずみというのが出てくるんですよ。ゆがみとかひずみとか、おかしいなと思うこと。問題は普通の会社と同じように出るんですね。

でも、問題が出てきたあとが違っています。何かひずみが起こったとしても、会社が透明なので、みんなに見えちゃうんですね。だから、みんながまず気づく。それがやっぱり一番大きな違いです。気づいちゃえば、あとは、それどうする？　になるだけなので。そういうふうに話し合いが展開していきます。そのときに、その問題は誰の責任だって、責任追及はありません。

うちの会社って、わちゃわちゃみんなでやっているので、これ誰の責任だって、追及してもわからないんですよ。みんながその事象にちょっとずつ関与してる。そこでどういう思考回路になるかというと、犯人探しをしても犯人がわからないから、探さなくなる。どうしたらこの問題が次起きないかって、ただそっちにだけ意識が向くんです。

だから社内でそんなにけんかも起こらないし。押し付け合いもないし。おもしろいですよ。

人それぞれのメンタリティに合わせて

塾生1　行き詰まりの原因をその辞めてもらった彼のせいにしたわけじゃないですか。環境が整えることだけをやっていて指示命令はしないとおっしゃっていたけど、問題解決の対象が個人じゃないですか。個人の責任にして、切ったということになると……。従業員も環境だってとらえる？

武井　環境を作るのは人間なので。環境を乱す人っていうのは、うちの会社で彼だけに限らず、新しく入ってきた人も、早い人だと1カ月くらいで辞めていった印象です。

それまでは一緒に仕事をしている人みんなを幸せにしたいと思ってたんです。経営者さんならわかると思うんですけど、経営に男気が出ちゃうじゃないですか。社員の家族もいるわけだし、社員の人生背負わなきゃいけないとか。社員に住宅ローンがあったら、路頭に迷わせちゃいけないとか。男気を出せば出すほど苦しくなっちゃうんです。

それで、天外塾に参加したときに、そんなことはないなと思って。人が辞めることは、悪いわけじゃないっていうふうに、意識的に切り替えられたんですよ。だから、お前がそういうふうにやりたいのなら、うちの会社じゃないほうがいいと思う、という話になりました。

天外　塾生1さんの質問は個人を強制的に組織から排除、つまりクビするというのは、何となく、自然に物事が整っていく「ティール的」なやり方から外れるんじゃないか、ということじゃない？

塾生1　そうそう。

武井　たしかに、自浄作用で自然にやめていく、というのとは違いますね。でも彼のやり方も「ティール型組織運営」から大きく外れていたと思います。だから、彼のいうことは何となく正論なんだけど、僕らにはぴったり来なくて気持ちが悪かった。気持ち悪いけど、逆らえなかったんだな。だから、もう一人の役員にいわれて、はっと目が覚めた感じでしたね。

塾生1　自分たちの経営スタイルを貫くためには強制もやむを得ない……というのですかね。

武井　まあ、僕らも理想的なオペレーションからは程遠いから、いろいろすったもんだしていますけど……。

天外　こうあらねばならぬ、というのはいらないと思うよ。強制的にクビ、というのも選択肢のひとつかもしれない。

武井　合わない人もいるから、結構大勢辞めています。辞めるときに、段階的に辞めていく人もいます。段階的というのは、うちの会社の仕事を週5じゃなくて、週3、週2、週1って感じでフェードアウトしていく人もいれば、「Tonashiba」のサービスを使ってほかの会社に行く人もいれば、きれいにぽこっと辞める人もいる。

人それぞれメンタリティが全然違うので、その人がやりやすいやり方でやればいい。転職慣れしてない人は、転職がすごく怖いことですし。転職が怖いとかって、やっぱりひとつの会社でずっと仕事をすることがいいことって思考があるからなのかもしれない。

あとは1回会社に入って、短期間で辞めるというのはよくないことなんじゃないかって、社会通念的なよしあしというのが、やっぱりどこか価値観にあったりします。それは僕のなかにも気づかないところで価値観としてこびりついているので。できる限りそういうしがらみにとらわれないように、ナチュラルにできるような仕組みっていうのを考えた結果、そういうビジネススキームにたどりついたということなんです。基本的には、なるべく自浄作用で回している感じですかね。

6章

自己組織化の三要素

【解説】

F・ラルーは、「ティール組織」に必要な3要素として、「存在目的」、「自主経営」、「全体性」を挙げています。このうち「自主経営」をさらに細分化し、「情報の透明化」、「意思決定プロセスの権限移譲」、「人事プロセスの明確化」の3要素を示しています。

それに対して武井は、自己組織化の3要素として、「情報の透明性」、「力の流動性」、「感情と境界の開放性」を挙げています。

武井は、この3要素をしっかり追求すると、ひとりでに「自律組織」が生まれ、「全体性」が出てきて、組織の方向性（F・ラルーのいう「存在目的」）も生まれてくるといいます。

これは、実践者ならではの微妙なニュアンスの違いで、とても重要な指摘だと思います。

また、「ティール組織」という固定した状態があって、それを目指して努力するのではなく、ああでもない、こうでもないと試行錯誤しているプロセスそのものが経営なのだ、という禅の「只管打坐《しかんたざ》」にも通じる名言を武井は吐いています。

Tenge's Eye 3

只管打坐

道元の言葉。悟りを開きたい、涅槃に入りたい、いい坐禅をしたい、などの目的意識を外して、ただひたすら坐れ。また、悟りを目指して坐るのではなく、坐ること自体が悟りなのだ、という教え。目標を達成するために何かをやるのではなく、プロセスそのものに意味がある、というところが武井のフィロソフィーに通じます。

セミナーの実録

武井　自己組織化が起こる環境は複雑系マネジメントです。複雑系のなかにいると、お互いが自己組織化して補い合ったりして、生命性が勝手に生まれます。

田坂広志さんのたとえで、すごく好きなのがあります。西洋的に人間の体をとらえると解剖学になるんですね。解剖学というのは、因数分解。魚の体をさばいて、内臓とか全部取り出して見たあとに、内臓を戻したら、魚が生き返るかといったら生き返らないって、そういうことだって彼は言っています。生命性っていうのは分断されると失われてしまうのです。

組織っていうのを、生き物の体であったり、生態系みたいなものになぞらえたときに、何が必要か。複雑系マネジメントの概念のなかには、「システムの外部開放性」と「内部の不均衡、非平衡」、それから「ポジティブフィードバックグループ」の3つがあるといわれます。もう少しわかりやすく組織に置き換えるとなんなのかというのを、山田さんといろいろ定義していって、かなりクリアに表現できたのが、この3つです。

インフラの3要素。3つの言葉を置き換えただけなんですけれども、かなりシンプルです。「情報の透明性」、これはポジティブフィードバックグループの置き換えです。それから「力の流動性」、これは非平衡。それから「感情と境界の開放性」。

極端なことをいうと、組織のなかにおいて、この3要素の純度を高めていくと、自然とうちの会社みたいになります。どんな組織でもどんな規模でも、どんな業種、業界でも。年齢とか性別まったく関係ありません。非営利だとか任意団体とか、コミュニティとかなんにも関係なく、これが担保できると、勝手に自己組織化していく。

自己組織化するとは、全体性が生まれるってことなんですね。『ティール組織』の本でいうと、セルフマネジメントと全体性とエボリューショナリーパーパス。

嘉村　日本語でいうと、自主経営、全体性、存在目的です。

武井　「存在目的」っていってますけど。それって間違いない3要素だと思うんです。僕がいっている3要素というのは、そこにいたるまでのプロセスに必要なものだと思っていて、これが高まった結果、その3つの要素、セルフマネジメントが生まれたり、全体性が生まれたり。結果として方向性、F・ラルーのいう「存在目的」も生まれてくるというふうにとらえています。

経営者という立場を必要としない組織

天外　ダイヤモンドメディアは「存在目的」はないんじゃないの？　何が基本かという思想が、ちょっとF・ラルーとは違うね……。

武井　プロセス設計ということにこだわっています。なぜかというと、経営って正解がないなかで、ああでもない、こうでもないって問い続けることじゃないですか。その営みこそが重要だと思っています。旅でいうと、景色を楽しむみたいな感じですね。目的地に着くことが重要なんじゃなくて、道のり自体をいかに楽しみながら行くか、みたいな感覚。それを経営者がひとりでやるんじゃなくて、会社に関わっている皆でやるというのが大切ですね。

さっき、なんでもかんでも分散化してるといいましたけど、うちの会社ってマネージャーとかリーダーがいないんです。マネージメントとかリーダーシップというものが分散化しちゃっている。でも、実体としては、マネージメントは機能していると個人的には思います。経営というもの自体も分散化してます。だからうちの会社って、「経営者」という立場の人を必要としてないんですよ。だから僕は、一般的な経営者の仕事というのをしてないんですけど、全体として経営はすごい効いているんですね。

そういうような状態を作るために、この3つが絶対的に必要です。しかも他社のコンサルをするときに、まず取り組むことを勧めるのは、情報の透明性です。これが一番わかりやすく、具体的に手がつけやすい。

情報の透明性を高めていくと、勝手に権力というのが弱まっていったり、経営者としてのエゴが弱まっていったりという状態が起きてくるんですよね。僕自身もやっていくなかで、自分の心理的な変化に気づきました。

天外塾でやった鳥の瞑想って、自分自身を少し離れたところから、俺は今怒ってるとか、俺は今うれしいんだなとか、客観的にとらえることができる。そうすると自分のエゴを押さえこむというより、自然に弱まるという現象が起きると思うんです。

いままですごく気にしていたことが気にならなくなったりするんですよね。問題解決というより、問題がそもそも問題じゃなくなっちゃうみたいなことが起きてくるんです。だからこういうコンサルティングをするとしても、やり方が難しいんですよね。普通のコンサルティングって、コンサルティングすると売上が何倍になりますよとか、新規事業が立ち上がってこうですよ、みたいな、結果にコミットみたいなコンサルティングが多いと思ういます。

でも、僕らがやっているのって、結果はどうなるかわかりませんけれどというのが前提で、とにかく3つの要素について話すんです。会社崩壊しちゃうかもしれませんけど、それでもよければやりますけど、どうしますか？　みたいな、そんな感じなんです。

東京サドベリースクールの設立メンバーの杉山さんが言っていたんですけど、サドベリースクールって、教師がいない、授業がない、クラスがない、なにもない学校なんです。なにもないから、学校法人としての資格を取れない。生徒が入学するときに、親御さんに必ず、うちは教育を押し付けるようなことはしないから、場合によっては読み書きそろばんができない子になってしまうかもしれない可能性があるけれども、それを含めてよろしいですかって、必ず聞くらしいんです。俺らと一緒だって思って。でもそういうことなんだろうなと思います。っていうことで、ひと息つきたいな、僕が……。

天外　休憩にしましょう。

武井　みなさん、もやもやな状態だと思うんですけど、これがカオスだということで、これを味わってください。

天外　3カ月カオスが続きます。きれいな状態には絶対なりませんからね。武井さんと一緒にいるとずっとカオスですから、覚悟してください（笑）。

7章

権力の流動性。でも、残存パワーがうっとうしい！

【解説】

ショートブレイクの後、塾生の自己紹介があり、最後に嘉村賢州が自らについて語りました。

塾生から、力の流動性に関する質問が出ましたが、武井はいまの資本主義の思想とか法律と「ティール組織」との矛盾点を、とうとうと語り出しました。ダイヤモンドメディアの運営を確立するうえで、武井がいかに深く本質的な考察をしていたか、よくわかります。苦労しただけに、この話を始めると、止まらなくなる感じです。

この部分は、いまの社会の枠組みや法律と「ティール組織」が根本的に相容れない、ということであり、とても大切です。「この枠組みの制約のなかで、いかにティール組織を上手に運営するか」という現実的な視点も必要ですが、「ティール組織」が未来を先取りしているとすれば、これからの社会が向かうべき変容の方向性が、ここから見えてきます。これに関しては、また別項でまとめましょう。

塾生の質問に戻ると、天外が「ティール組織」を実行するために必要な意識レベルの解説をします。これに関しては、16章でさらに詳しく語られます。意識レベルの話はF・ラルーもわずかしか触れておらず、拙著『実存的変容』（内外出版社）（２０１９年10月発売予定）で詳しく解説しています。

「ティール組織」では、権力はなくす方向で運営されますが、皆の意識レベルが上がってくると、わずかな残存パワーがうっとうしくなることを、やはり「ティール組織」を実践しておられる「株式会社 森へ」（第４回ホワイト企業大賞受賞）の山田博さんの例が語られます。

セミナーの実録

嘉村　よろしくお願いします。ぜひ賢州と呼んでいただければと思います。兄は豪州という名前です。父親がオーストラリア好きというだけで兄に豪州という名前がついてしまって、弟が生まれてどうしようということで、賢州という名前になりました。唯一無二の名前だと思うので、覚えてください。

ホームズビーという名前の団体を京都で、10人くらいでやっております。ホームズビーってフランス語読みをするとオムスビになります。人の縁を結び、実を結ぶという意味の「結び」を意味します。

もともとムスヒって言葉が大和言葉で、男性と女性から子どもが生まれるような、自然にものごとが生まれる力をムスヒっていいます。いままで西洋型の効率的にものごとを生産するというのではなくて、本来、人とか生命が持っている「生まれる」エネルギーを活かして場づくりがしたいと、10年前くらいから、街づくりとか組織変革のファシリテーションというのを、仕事にしてきました。

この10人の団体の組織も悩みながら運営をしています。仲間が一番幸せになってほしいと思っているので、特に出社時間も終了時間も決めないですし、年間有休取得数という存在そのものが何かおかしいなと思いながらやっています。

そして、場づくりのファシリテーションも、特に営業とかをせずに口コミで仕事をさせていただいてずっとやっています。同時に仲間を養わなきゃいけないという状況で、自分のなかで矛盾が2つ起こりました。

ひとつは団体立ち上げから7年目くらいのときにオフィスで仲間が雑談しているのにイラッとしたことがありました。一番仲間が幸せになってほしいのに、なんで雑談にイラッとしているんだって……。

もうひとつ、私は10年前からファシリテーションで、組織変革っていうのをやってます。ファシリテーションという集合知を形成する技術は、絶対次の世界を作ると思ってやってきて、これが世に広がればいいと思っていました。でもその一方で、世のなかにファシリテーターが増えてくるのに焦っている。生き残るためのサバイバルな感じがしているという自分のなかの矛盾に気づいてしまった……。

この2つの状態でさらに今後10年歩もうとしたら、自分自身がダメになると思って、お客さんと仲間に謝って1年間休業することにしました。

英語にすごいコンプレックスがあったので、1カ月だけセブ島で英語の修業をして、そのあとヨーロッパとアメリカに行くというような感じの旅のなかで、「ティール組織」と出会いました。自分が目指していたのは、ひとつここにあるということで、稲妻が走るような経験でした。アメリカとギリシャで学ばせていただいて、そこでご縁をいただいて、英治出版から解説を頼まれて書きました。

２０１８年1月に発売された『ティール組織』です。日本ではまったく知られていない概念だったので、『ティール組織』って名前でタイトルをつけるかどうかも出版元の英治出版さんと議論を交わしました。日本語名をつけたいとおっしゃられるんですけど、日本語名をつけると、せっかくの海外の英知とパイプがなくなります。勇気を持って『ティール組織』というタイトルで、なんとか売れることができて、その縁で今ここにいます。

計画をせずに今の状態になっているので、この先もどうなるんだろうなと思っているという感じです。

天外　東工大に就職をしたんですよね。

嘉村　そうですね。縁があって、『ワークショップ』（岩波新書）という本を書かれた中野民夫先生が東京工業大学におられて、新しくリーダーシップ教育院という大学院ができると、特任准教授の公募を勧めてくださった。

それもおもしろくて、学部卒なので、普通は国立大の特任准教授になれないんですけど。面接で、8人くらいに囲まれて、非常に厳しいツッコミをされました。ある人がスマホで調べて、嘉村さんの本売れているじゃないですか……と。もしかしたらそれも特任准教授に就任した理由になっているかもしれません。

今、大学院生のリーダーシップ教育をする特任准教授として、東京移住が決定しています。

会社とは何か、法人とは何か

天外　ということで、何か質問ありますかね。

塾生2　さきほど、武井さんから人に辞めてもらったという話がありましたが、僕も会社経営をしておりますので、同じような温度感で、過去4人くらい去ってもらったことがあります。数字が上がらないから辞めるというよりは、空気が違ってきているからというような、その伝え方って、すごいよくわかるんですね。

うちの組織もフラットだと思っています。だけど深層心理のなかで、たとえば人に辞めてくれって言うときにも、力の流動性といいながら、結局自分のなかに、すごい深いレベルのなかで、俺はリーダーだという意識ってないのかどうかっていうことがよくわからない。

サル山のボスを見てても、別にボスザルは株持ってないけどボスですよね。だからそのときの武井さんの心理状態って、本当はどうだったのか。力の流動性といったことがないのかどうか、深いところで、どういう気持ちだったのか。それをお聞きしたい。

武井　力というものを仮に分解してみると、組織構造というものが、個人に与えてしまう「権力」と、純粋にその人が持っている「影響力」というものがあると思っています。

これは全然性質が違うと思っています。結局人間って人の間って書くわけで、人間同士の関係性によって、それぞれの人って成り立っていて、その関係性を新しい形で整えているのが、僕らのやっていることなんです。

その関係性というものに、権力が入ると、強制的に固定化されちゃったり、この人が強い人、この人が弱い人という前提条件が生まれちゃうじゃないですか。それを決めているのが、法律なわけなんですね。

たとえば労働基準法は雇う側と雇われる側というのが前提にあって。雇われる側は立場が弱いからこの人たちを守るために、労働基準法とか労働契約法というものが定まっています。これをこうしなきゃいけないとか、それがもう違うんですよね。

会社法もそうです。会社法だと、会社というものが三権分立的に、経営と労働と所有という3つに分かれていて、ここにコンフリクトが起きている状態です。

ここで、話がちょっと大きくそれます。社会体制の話をしたいんですよね。僕らは、会社を設計するために、そもそも会社ってなんなのか、法人ってなんなのかということを突き詰めていきました。

そのなかで所有者がいて労働者がいて、その立場の違いの実質的な違いは何だとか、なぜそれが生まれたのかみたいなのをたどっていきました。そもそもお金ってお互いのクレジットというか、信頼とか信用とかを蓄えるために生まれているわけじゃないですか。

しかも食べ物を山で採ってくる人と海で採ってくる人が交換するときに、物々交換だと直接取引ができないから、貨幣という媒体をかませると、もっと分業がしやすくなって、ダイナミズムが生まれる。貨幣は、本来シンプルな役割として生まれたと思っています。

だから分業ということ自体は悪くないんですよね。でも会社って、所有と労働と経営というのが、分離されて、一体化されていない。

社会デザインを含め、すべてのもののデザインって、これからは分離してても統合されているという、相反するものが同居する世界になっていくという構造体になっていくのは間違いないと思っています。

人間の体もそうですよね。それぞれの臓器が分離をしていて、それぞれが局所的には違う役割を果たしているけれども、全体として機能している。けれども、この感覚で組織を見たときに、株主と労働者と経営者って、コンフリクトを起こしちゃっているんです。

特に株式市場って、前提条件が、拡大し続けなければいけないというエントロピー増大の方向にしか設計されていないので、小さくなることは許されないんです。それが問題だと思っています。その関係のなかで、株主はお金を出してリターンをよこせという圧力ばかり。逆に労働者側の待遇をよくしたり、給与をよくすると、株主の取り分が減るんです。この株主と労働者側のバランスを、両者を見ながらやっているというのが経営者っていう感じですよね。

たとえば上場の条件とかコーポレートガバナンス・コードの5大原則があります。株主との対話とか、5つ、すごいいいことを挙げているんです。自分たちが実現したいことと、間違いなく一緒だなと思っているんですけど、それを実現させる方法論が全然違うんです。

監査というのは、基本的に性悪説に基づいています。だからガチガチに締め付けて窮屈になる。あるいは、組織のなかで、部署をまたいで兼業してはいけないとか。兼業すると相互監視の機能が失われるからとかで、お互いを監視しあうみたいに設計されていくんですね。

何かが起こったときに、株主へ明確にするために、この問題はどこの責任なのかっていうふうに責任の所在を紐付けていくんですね。

それだと分離してても統合するという、統合の機能が果たせなくなる。じゃあこの関係性をどうリデザインできるのか。

自分ごとになるためには情報の透明性が必要

武井　わかりやすいキーワードとして「当事者性」というのを挙げます。当事者性が芽生えている状態というのは全体性が担保されているときなんですよね。自分ごとって感じるんですよね。じゃあ、自分ごとであることって、どういうことなのか。当事者意識は当事者しか持てないんですよね。だから当事者じゃない人に、当事者意識を持てというのは、その時点でパワハラなんですよね。

だからアルバイトとか新入社員の人に、社長になったつもりで考えろっていうのはおかしい。社長になったつもりでっていうなら、社長と同じだけの権限と情報に対するアクセス権というものを担保しなきゃ、成り立たないじゃないですか。

この当事者性というものを、どうやったらきちっと守れるか。

そこで、行き着いたのが、情報の透明性です。透明性というのがない状態においては、当事者性というのは絶対に芽生えないので、絶対です。

組織のなかで、不透明なものとか、透明化するのがそもそも難しいとか、情報をデータベース化するのが難しいとか、そういう物理的な限界の話ではありません。誰かが恣意的に自分の利益のために何かを隠すということですよね。そういうことが起きている状態においては、自己組織化は絶対できないんです。閉ざされたなかで、無理やりさせることもできるんですけど、そうすると局所最適になって、今度、ほかの部分とコンフリクトを起こす。部署間での争いになる。

情報が透明な上で、もうひとつ、結果ではなくてプロセスに関与できる状態を、きちんと用意するということも重要です。株主が金出してるんだからリターンよこせっていうのは、結果に対してコミットを求めているんです。でも本来、株主も同じ船に乗っているわけなので、別に株主が売上をたてたっていいわけですし、株主が事業戦略を考えてもいいわけです。

経営方針を株主総会で決めて、そのオペレーションを誰に委任するかを決めるのが株主総会の本来の考え方なんです。でも今の株主総会ってまったくそんな機能を持ってない

自律型企業25社の実態「情報公開について」

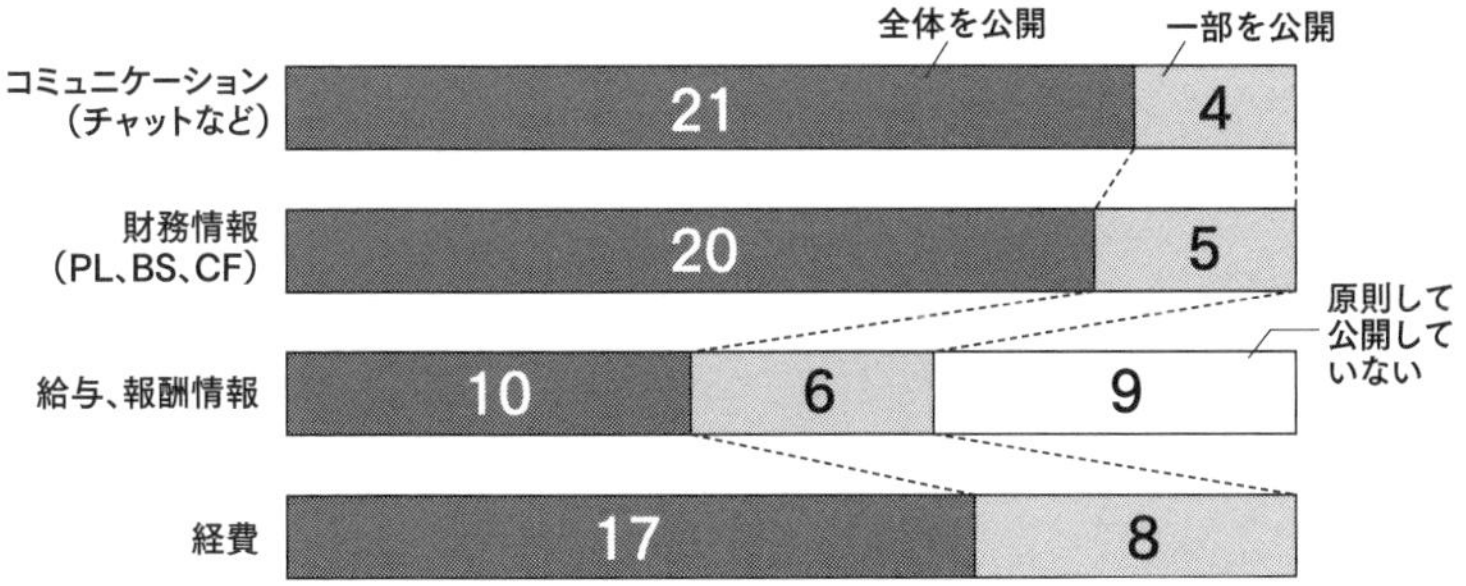

▶各社とも情報公開には積極的に取り組んでいる

▶給与情報については、公開範囲に差が大きい

自然経営研究会アンケートより
【調査期間】2018年11月16日~11月30日
【調査方法】ティール組織、ホラクラシー組織を運営する企業に回答を呼びかけ　【回答数】25社

ですし、少数株主って、意見をいう機会すらない。そのうち今度、少数株主は意見をいう気もなくなって、どんどん距離が出てきてしまっている。

これが市場取り引きの欠点だと思っています。市場取り引きを今の状態でやると、不特定多数の株主という状態なんですよね。だからそもそも誰が株主で、ステークホルダーなのかという、顔が見えない。その人たちに対して情報開示をするからＩＲというものがあって、情報開示をしないと市場の原理という、場の力というものが生まれないんですね。

情報開示の結果だけをやるから、それに対して株主がああだこうだいって、そのプロセスが見えないので、企業側が文句をいわれないように数字をいじったり、粉飾したりというのができてしまう。それが今の問題点なんです。

社外からの投資は受けない理由

武井　このプロセス自体を透明にして、プロセスに対して何か意見があるんだったら言えるとか、関与できるという状態を作ることが、最も重要だと思います。そうすると、分散しているけれども、社内の人とか全然別のところの人も統合するということができるんですね。

そのレベルをどこまで高められるのかということに僕らはチャレンジしています。今、会社のなかにおいては、それはほぼ完成しています。

　僕らがなぜ社外から投資を受けないかという理由でもあるんですけど、社外から出資してもらうと、そのプロセスへの関与とか、情報の透明性というのが、まだＩＴの仕組み的に担保できていないんです。

　そういう思想自体がそもそも世のなかにないです。技術をきちっと使えれば実現できるというのは、頭のなかの設計にはあります。不特定多数ではなくて特定多数の株主をどうやって認知できるか。しかも株は売り買い自由なんで、市場でやりとりするにしても、相対でやるにしても、動くわけじゃないですか。

　それをどうやって追えるかというと、そこで使えるのがブロックチェーンの技術なんです。ブロックチェーンの技術だったり、それをかませた仮想通貨。

天外　仮想株式ということ？　今の株式市場というのは、そういう観点から見るとでたらめなんだよね。単にギャンブラーが集まるカジノになっている。

武井　そうですね。経営者側の意図的なコントロールがいくらでもできちゃいますね。たとえばセグメントの売上をきちんと出さなければいけないはずなのに、売上だけでよかったりとか。結局実体がまったく見えないですから、あれは意味わからないですよね。

　だから僕らは、本当は株式の公開をやりたいんですよ。企業にとってはファンが増えたほうが、絶対いいわけなんで。ただ、当事者じゃない人が増えると、絶対コンフリクトが起こる。そういうふうにお金を出したいといってくれる方も多いのですが、仕組みができないうちは、やっちゃいけないと思っています。

力の流動性

塾生2　力の流動性と影響力の流動性ってイコールじゃないですよね。

武井　そうですね。影響力は、ばらばらでいいわけなので。影響力というのは、あってしかるべきなんですけど、ただそれ以外の要素というのも、ムラを作ってしまうんですよね。それを僕らはコンテクストの違いと言います。

流動性というのを、なぜキーワードとして挙げているかというと、やっぱり会社のなかとか組織のなかにおいて、コミュニティとかもそうだと思うんですけど、発言にムラが出るんですよね。年齢の高い人のほうがよくしゃべるとか。女性より男性のほうが、社歴の長い人のほうが、能力の高い人のほうがよくしゃべるとか、そういうことです。

それって日本人に限らず、少なからずみんなその場の様子を見ながら発言をしていくと思うんです。場に対してなじんでいる人は、別にどんなところでもどんなタイミングでも、遠慮なくものが言えるんですよね。それは能力が高い、低いっていうことも多少影響するんですが、どちらかというとコンテクストが強い、弱いということに関係する。

これによって意見が出にくくなってしまう状況はあったりするので、そういうのをできるだけ起こさせないようにするために、意図的に肩書きを持たないというふうに設計してます。会議の持ち方も、かなりファシリテート的に、ブレストを多用したりとか、付箋を使って、全員が頭のなかにあることを一回書く時間をとるとかしています。あるいは、無記名のアンケートをとるとか、いろんなやり方をやって、いろんな意見が出るようにしています。

分離と統合

天外　武井さんの会社では、いろんな工夫をしてると思います。ただ、たぶん塾生2が聞きたいのは、武井さんのなかに、残存パワーが残っているかってことだよね。

武井　めちゃめちゃ残っていると思いますよ。

天外　さっき統合と分離って話があったけど、たとえばここに座っている3人（武井、嘉村、天外）というのは、ある程度の統合ができているわけだよね。

この統合というのは何かというと、実存的変容とか、あるいはシャドーの統合とか、後期自我から成熟した自我とか、いろんな言い方をされています。

このティール組織のもとになっているスパイラルダイナミクスでは、ティア1からティア2への変容といっていて、そこに大きなギャップがあります。ティール組織は、そのギャップを超えて初めて実現できます。この3人とも普通の意味ではギャップを超えている。

というのは、モンスターがある程度おとなしくなっていて、その下の真我のエネルギーが使えるようになっているということです。

それはどこでわかるかというと、たとえば賢州さんは、信じられないくらいラッキーなんです。だって休みをとってふらふら外国に行っていたらティール組織に出会って。本の解説を書いたら、その本が奇跡的に売れて。なんだかんだというちに東工大の准教授に……。本来、賢州さんのキャリアだと国立大の教員になれないよ。こんなのは普通じゃ起きないわけ。

これがなんで起きるかというと、ある程度の明け渡しが成立してて、僕の言葉でいえば「宇宙の流れ」に乗っているわけ……。これはティア2の特色なんだよね。本人も気づいてないと思うけど。それは観察しているとわかるんだ。

嘉村　そうなんですか!?

天外　ティア2になっていれば、残存パワーがないかというと、これがあるんだよ。というのは、いつも天外塾で言っているモンスター(注：無意識レベルに抑圧された葛藤のエネルギー)というのは、もし1匹もいなくなったら、肉体維持できないわけだよね。基本的に我々はモンスターが着物を着ているわけ。だからどこまで行っても残存している。

いろいろ工夫して、工夫して、権力がないようにして、平らになったと思うんだけど、内側には残存パワーがあって、それを社員は実はひしひしと感じているわけ。これはティア2になってもそれがあるんだよね。

昨日、第4回のホワイト企業大賞を取った会社「株式会社 森へ」の講演会がありました。

おもしろかったのは、創業者の山田博さんが、一度会社を解散してるんだよね。そのときに、なんで解散したかというと、メンバーが、山田さんに対して、「なんとなくお前うっとうしいぞ」ということを言い出して、それで解散してるわけ。

話してて、「それじゃ会社全部やめようね。でも俺ひとりでクライアントを守り続けていくよ」と山田さんが言ったときに、メンバーが「俺もやる」、「俺もやる」、「俺もやる」ということになり、「どうせみんなでやるんだったら、株式会社でやったほうがいいんじゃない？」「で、なんて名前でやる？」じゃあ、「森へ」って。それで会社の名前を決めた。

結局解散前と解散後とまったく何も変わらなかった。でもね、実は大きく変わっているわけ。それを昨日議論しておもしろかったんだけどね。

なんでみんなが山田博さんをうっとうしく感じたか。これ、普通の人は感じないと思う。彼は、日本のコーチングの第一人者といっていいくらいだからね。表面上は、人に権力を感じさせないと思う。でも、森へしょっちゅう行っている連中だから、たぶんあそこのメンバー全部が「ティア2」なんだよ。実存的変容を超えているわけ。だからみんながみんな、すごい敏感なのね。

そうするとひた隠しにしているコントロール願望が見えちゃったんだ。普通の人だったら見えるはずがないものが見えちゃった。それでそれをうっとうしいと言ったと。普通だったら言わないよ。それを言うところまでメンバーのレベルが上がっていた。山田博さんもそれに気がついたということなんだ。

だからどんだけ行っても残存パワーは残るわけ。たぶんそれは武井さんのなかにも残っていると思うよ。あと注目してほしいのは、スタッフからクレームが出た時に、山田さんはあっさり解散を決意したこと。ティールの世界観というのは、あらゆる結果を受容する。倒産を怖れないのね。でも残存パワーはどうしても残る。

武井　めちゃくちゃありますね。そうじゃなかったら、こんな仕組み作らないですよね。だって必要ないですからね。

Tenge's Eye 4

鳥の瞑想

『ティール組織』の中でF・ラルーは、個人が（「実存的変容」を経て）「ティール」のレベルに達すると、「自分自身のエゴから自らを切り離せるようになる」と言っています。決して「エゴがなくなる」のではなく、自らを客観的に認識する（メタ認知）ということです。

ニューコードNLPでは、メタ認知を獲得するための「クリアな第三ポジション」というトレーニングがあります。自分が第一ポジション、相手が第二ポジション、そのどちらでもない第三者の眼で眺める訓練です。

天外塾では、それを「鳥の瞑想」でやります。右斜め後方3メートルに鳥がいるとイメージして、その鳥が自分や出来事を「客観的に」、「中立的に」、「冷静に」、「いい・悪い、の判断をしないで」見ている、という観想です。

自分が「いい・悪い」の判断をしない、というのはとても難しいので、鳥に見てもらうのです。鳥が近づくと「自己否定」が出てきてしまうので失敗です。本来は、ハイヤーセルフ、守護霊などに見てもらうといいのですが、そうすると「いい・悪い」に陥りやすいので、おバカな鳥にしました。

8章

日本流のティールを皆で開拓しよう！

【解説】

嘉村から、自分の会社をティールにするために強制的に引っ張ったという話題が出ました。強制的にコントロールするのはティールではなく、F・ラルーの分類でいえばオレンジです。

じつは『ティール組織』の嘉村の解説のなかにも、同じような例が出ています。この本は経営学者が書いているので、良く体系化されているけど、実務とはかけ離れています。このセミナーでは、実務家の眼で内容もやり方も条件も、もう一度見直して「実用書」として役に立てるようにしたいという天外の願いが語られます。

セミナーの実録

嘉村　2つほどお話ししたいことがあります。僕も基本的にはメンバーに幸せになってほしいというので、ルールもほぼ作らずやってきたんですけど、ティールと運命的に出会ったあと何が起こったかというと、日本で一番初めにティールのモデルになるのはうちの会社だと思って、一気にティールのオレンジ化に（笑）。

こんなにいいのを見つけたのに、うちがぴったりなのに、なんでみんな勉強しないの？とかですね、ティールやるの当然だよねって感じで。何が起こったかというと、そこまで賢州がやろうっていうんだったらやろうって、完全に上下関係があるような感じになってしまったんです。

そのときは自分自身にもスイッチが入っていて、自分でも気づかなかった状態になってしまったというのはあります。僕も全然そういうことが起こっているということがわからなかった。

もうひとつ、よくあるのが、うちの会社をティールにしたいっていう依頼がよくあるのですが、ラルーさんは「半年から1年の間は、社長、あなた自身が変わるというプロセスでやらない限り、絶対ティールの旅は始まらないですよ」と言っています。

たとえば後輩でも同僚でもいいので、ひとり、鏡という権限を与えてあげてほしいんです。それは社長にちょっと古い考え方とか、コントロール的なものが現れたら、出てますよと言うメンバーに伝える役割です。そういう発言をしても絶対にクビにしたり、怒ったりしないから、言っていいよということで、常に鏡というものを置くのを半年間〜1年間続けること。そのなかで自分のコントロール願望みたいなことと向き合った先にしかティールには行かないですよと言っているんです。

天外　賢州さんの解説文のなかにもあるんだよ。たとえばザッポスが今までホラクラシー経営をやってたんだけど、ティールが出てきて、「みんなティールをやろうぜ」と言いはじめる。これに賛成しない人は会社を去れって、むちゃくちゃレッドかアンバーの匂いがします。

ティールのコンサルタントに、うまくいかなかったところありますか？　と訊いたら、3社くらいあると言う。それは新しく就任したCEOがティール好きじゃなかったから。これだってトップの意向で全部ひっくり返ったわけだから、少なくとも「ティール」ではないよね。

F・ラルーも学者だから、学者が観念的に書いているところと、実際に起こっていることとは、相当違うと思ったほうがいい。我々が今ここでみなさんをだしにして、日本のなかで、本当にしっかりしたティールというか、自然経営というか、新しい、いわゆる生命体的組織を根付かせようと思っている。それは学者的観点じゃなくて、もっと実務的観点でやっていきたいなと思っています。

それでそれをやるときに、人がいたほうがいいから、みなさんは人体実験でもあるし、だしでもあるし、議論をかき混ぜる役でもあるし。僕らだと疑問を持たずにするっと通っちゃうところに引っかかって疑問を出してもらいたいんです。

先ほどの質問のように、残存パワーがあったのか？　なんて、すごいいい質問ですよね。たぶん武井さんに残存パワーが感じられる時点で、それに気がついたわけだよね。そういう具合に少しずつ解き明かしていきたいんだよね。

メンタルモデルとは

塾生2　武井さんって実は、僕の推測なんだけど、ものすごく孤独に耐えられる人なんじゃないかと思います。僕が由佐美加子さんに言われたのは、根底はワンネスなんだけど、そこは非常に孤独に耐えられる強さが必要だと。そうなってくるとティール組織を実現できるリーダーって、そう多くはないのかと思っているんだけど。それはどう思われます？

武井　耐えられる…、こういう経営ができるってことですか？

塾生2　メンタルモデル的に超孤独に耐えられるとか、そういったメンタルモデルがないとなかなかできないんじゃないかと。かなり簡単なようで、かなり強い魂が必要だと思ってるんですよ。そこらへん、武井さんはどう考えられているかなと。

Tenge's Eye 5

メンタルモデル

由佐美加子は、人間は次の４つのメンタルモデルのいずれかを深層意識に抱えている、と説いています。

メンタルモデル

Ⓐ「価値なし」モデル（私には価値がない）

Ⓑ「愛なし」モデル（私は愛されない、望む愛はない）

Ⓒ「ひとりぼっち」モデル（私はこの世界で所詮ひとりぼっちだ）

Ⓓ「欠陥・欠損」モデル（私には何かが決定的に欠けている）

誰しもがこの４つの要素を少しずつ持っていますが、その人にとって主要な要素は明快にひとつに絞り込むことができます。メンタルモデルというのは、パソコンでいえばＯＳ（基本ソフト）のようなものであり、その人のあらゆる発想、あらゆる言動は、どうあがいてもそれから逃れられないのです。

メンタルモデルが積極的に何かをコントロールするわけではありません。本人が自らのメンタルモデルをそのまま直に見ることは怖く耐えがたいので、誰しもが反射的に目を背け、切り捨てようとして回避行動に邁進する、という形で人生が制御されるのです。「怖れや不安」に支配された人生といってもいいでしょう。

回避には「逃避」と「克服」の2つの方向性があります。

「克服」は、「分離のエネルギー」を「戦いのエネルギー」に昇華して、社会のなかでのし上がっていくという方向性もあります。その人は「戦いの人生」を歩むことになります。「Ⓐ価値なしモデル」の人は、こういう「克服」の仕方をします。いまは圧倒的に「分離」の強い人が多いので、争いや競争が激しい社会になっています。また、「分離のエネルギー」が強い人ほど、社会的な成功を収めるという傾向があります。

ところが「分離」というのは、自分の内側にあるわけで、それから逃れようと外側にいくら働きかけても、なくなるものではありません。結果的に、その人は社会的に成功したにもかかわらず、相変わらず「怖れと不安」にさいなまれ、さらなる「戦い」に駆り立てられる人生になります。これが「分離の人生」です。

由佐塾にも参加した塾生2は、武井はこのなかの「Ⓒひとりぼっちモデル」ではないかと言っています。孤独に強く、創造的でユニークな人生を一匹狼的に歩む傾向のあるメンタルモデルです。

由佐美加子によれば、上記の「実存的変容」を経ると（ティア2に達すると）、人はメンタルモデルを統合して、もう回避行動はしなくなり、そのかわりに天から与えられたミッションを遂行するようになるといいます。

「©ひとりぼっちモデル」のミッションは「世の中にワンネスの世界をもたらす」であり、まさにいま武井が実行している「ティール組織を実践して、それを世の中に広める」は、そのミッションの遂行にあたります。

でも、武井はメンタルモデルの知識がないため、下記の議論は必ずしもかみ合っていません。天外は、説明に時間が取られるのが嫌だったので、この食い違いを無視しました。

管理を必要としないレベルへ

武井　僕ら10年間、いろいろな方法を手探りでやってきました。今僕が感じているのは、そもそも情報を透明化したほうが健全性が高いよねというような気づきとか、意識が大前提であるということです。

個人の意識というものが、新しい環境を作り出すというのが最初だと思うんですけど。一方でこういう環境を作ってきて、手ごたえ的に感じるのは、そういう環境にいると、そういう意識になりやすくなる気もしています。

たとえばうちの会社で働いている人たちというのは、これが当たり前というふうに感じている人がほとんどなんじゃないかと思うんですよね。逆にコントロールされることによる嫌悪感を強く持ってますし……。

塾生3　私が以前勤めていた外資系の製薬会社も社員をものすごく管理しているんですけど、社員が逆に管理してくれっていう雰囲気です。トップクラスの大学からしか人を採用していなかったですけど、その環境にいたら、管理しないと逆に怒る。環境がそういう人間にしてしまう。

武井　そうだと思いますね。最初は一人ひとりの意識を高めることでしか、セルフマネジメントはできないとか、自立した人材だけしか集めないとか、そういうふうに考えたときもあったんですけど、すぐに無理だなって思いました。

僕が読んだ本とか、天外さんの本を、これ読んでくれって、全員分買って配っても読まないですし。課題図書ってやった時点で、もうコントロールだって思って、落胆したり。

昔から対話の時間をけっこうとったりしてました。そうすると一人ひとり学び方が違ってもいいよねとか思えるようになる。そもそもうちの会社は職種がけっこう広いので、それぞれの人たちの興味、関心が違う。エンジニアの人は、あんまり本を読みたくないとかもあるし。

全員が精神性を高めないと、機能しない組織というのは、組織じゃないなという気持ちもあります。

塾生3　さっき言われたように、ＫＪ法というか、紙に書いてみんなに意見を出してもらうとか、そういうことがひとつのきっかけですか？

武井　きっかけになると思いますよね。

塾生3　結局声のでかい人とか、古くからいる人がわーっと言って、それで決まってしまったら、組織としてなんにもならない。

天外　意見も合わない人が出てくるし、辞めていく人もいるわけですよね。こういう組織に合わない人というのは、必ずいるわけだよね。それから、指示命令してくださいというのは、ケン・ウィルバーの初期のモデルでいうと、中期自我、つまり依存が残っている状態。依存が残っている状態の人は、この組織のなかでは生きづらいと思うな。

武井　そうですね。ただ、相互依存というか、たとえばうちの会社にも、全然朝起きれないエンジニアがいるんですけど、でもすごい優秀なんですよ。

　そういうのを周りがサポートして、チームとして、組織として、うまくいってるんだったら、結果オーケーみたいな感じになる。それは僕も含めてですけど、個別のところを見ると、誰にだって得意不得意とか、強み弱みっていうのはあるわけです。仮に弱みがあったとしても、組織のなかで、それがプラスマイナスで全体でゼロになっていたらオーケーという、そんな感じです。実際仕事をしているのは、それぞれそんな大きな規模ではないので、そのなかでちゃんとかみ合っているかどうかというのを重視してますね。

天外　誰かピックアップして合うとか合わないとかいったら、必ずおかしくなるけれども、自然に落ちていく分には、それは自然なわけだよね。我々だって、細胞が死んで落ちていくわけだから。だからそれまで拒否すべきじゃないし、そのときにやっぱり、たぶんティア1で分離の激しい人はなかなか残れないんじゃないかなと思うんだけどね。

塾生4　実際社員って、そうやって成長したなって感じるんですか？　さきほど、製薬会社の例が出ましたが、管理されるのが会社、みたいに思っている方は結構いらっしゃったりするじゃないですか。逆に会社に入られてから変容したみたいな人はいるんでしょうか。

武井　語弊があるかもしれないですが、そこに対して僕があんまり関心を持ってないかもしれない。持ってないというか、それを、その人を成長させたいって、一応昔は思ってたんですけど、それ自体が、ともすると僕自身のエゴになってしまった。

うちの会社は、敢えて教育をオフィシャルに制度化してないんですよ。成長する人は伸び伸びとしたらいいし、会社として帳尻が合っているんだったら、成長しない人がいてもいいわけなので。

プロセスを重視するとコンテクストが生まれる

塾生4　さっき塾生2さんがおっしゃったように、けっこう強い人じゃないと残れないなって、僕らもやってて思うんですよね。なぜかといったら、やらなあかんことと、どっちでもいいことがあるとしたら、どっちでもいいことってけっこうある、みたいな。

たとえば掃除。うちの仕事で、草抜きはいっぱいあるんですけど、ほんまやってもやらんでも、売上にそんな影響しない可能性もあるみたいな感じなんです。だけどやったほうがめちゃきれいなるから。

そういうのって、たとえば今日の発送とか、今日のお客さんを迎えるとかってところでいくと、めっちゃ順位が下がるプライオリティーなんです。そこで、そういうのをほったらかせるタイプの人と、ほったらかせんタイプの人がいる。その人を仕事って決められたところでどれだけ伸ばせるか。たとえば本を書きましたって人もいるんですけど、それと草抜きをする人、いい人悪い人ってどう見るのかってめっちゃ難しくて。

それに悩むとけっこう苦しんでいくんやなってところが見えるし。そういうのって、どうしたらいいんですか？

武井　それ僕もどうしたらいいかわかんない。

うちの会社でも掃除ってトピックとして挙がるんですけど、やっぱり話してて思うのは、給料と一緒で正解がないなと思ってます。会社に対する貢献の仕方って、人それぞれでいいと思うし、でも誰かがやらないといけないわけです。

問題があってもいいよねくらいの、前提が必要。組織は常にどこか問題があるので、問題をなくそう、なくそうってやりすぎるよりも、天外流じゃないですけど、これ問題だね、どうしようかっていって、それをみんなで話し合う。話し合うプロセスが一番大事かなと思ってます。そうするとそこにコンテクストというものが少しずつ生まれてくるんです。

うちの会社でいうと、僕めちゃくちゃきれい好きなんで、超ぴかぴかにしたいんですけど、それをみんなに強要することもできないので、けっこうほったらかしながらやっていたら、あるとき誰かが掃除をアウトソースしたらいいんじゃない？　というアイデアを出してきた。そこで掃除を業者さんにお願いして、週1回来てもらってみた。

でも今度は、ものを捨てるとかっていう整理・整頓はアウトソースの人はできないので、それをどうするかみたいなのが、プロジェクトとして生まれたんですね。僕のなかではそういうイメージは3年前くらいからあるわけですよ。だけど、僕がそれをやろうよというふうにもっていったら、たぶん全員が体感して、会社に対して、手触り感をもって学ぶ機会というのは、失われるか、かなり弱まってしまうわけです。

だから僕は結果よりも、そのプロセスをどうみんなで味わえるかということのほうに重きを置いている。

見える化する

塾生4　みんなで話し合えるというところに対して、何かルールがあるんですか？　たとえば掃除とかでひとりに負荷が多くかかっているとするじゃないですか。だけどそれを言える人と言えない人っているわけで。それをどこまで放っておくのかな。

武井　極論を言うと、それも全部ほったらかしてもらったら、最高だと思うんです。やっぱりコンテクストのムラというのが生まれるので、それがない状態で、意見が出やすくする場づくりみたいなのをけっこうやっています。それが月に1回やっている納会っていう、全員が集まる場だったり。あるいはアンケートをとったり。やっぱり発言する機会を仕組みとして作るみたいなのはいくつかありますね。言うも言わないも、それは自由なんですけど。

嘉村　海外の事例で、おもしろいなと思うのがひとつあります。ティール組織って、複数役職大歓迎なので、コンサルやりつつ、会計入力しつつ、社内の保育所の保育をやってるみたいなこととかっていうのは、たくさんあります。

そういうのも全部見える化しないと大混乱するので、どういうことが社内で起こっているのか、全部見える化されています。たとえば僕がコンサルと会計入力と保育所の保育をしているとすると、それは見える化されているわけです。

塾生4　どうやって、それを見える化するんですか？

嘉村　全部ITツールを使ってマッピングされているんです。つまり僕が3つ担っているコンサルと会計入力と保育に関して、主観的に1点から10点で能力を数値化するんです。コンサルは8くらいできると。会計入力は並だから5。保育は好きだけど得意じゃないから2とかつけているわけですね。

一方で主観のやりたい度も数値化します。マイナス2点からプラス2点。コンサルは好きでやっているから2で、会計入力は誰もやらんからマイナス2で、保育はやりたいから2だとして、すべてが見える化されている。そして定期的にみんなでそれを見合って、あなたは職場人生を幸せにおくれているのか、というところを見ていくと、マイナス2のところにかなり業務時間割いてるよね、というのが見えてくる。

どうやったら賢州くんのマイナスの時間を減らせるんだろうみたいな感じで、相談しあいながら、新しい人を雇ったらとか、アウトソーシングしたらという話が出てくるかもしれない。次の半年間は、やりたくないけど私もやるよって感じになるかもしれない。嫌なことを担わされていることを、見える化することによって、みんなが幸せに働けるように調整していきたいという願いのもとで、話し合いが行われている事例はあります。

メンタルモデルとティールの関係性

塾生2　ティール組織の本を読んでも、たぶんティール組織は実行できないと僕は思うんです。水泳の本を読んだって、泳げるようにはならないわけだから。

逆に天外さんにご質問したいのは、この前天外さんに、フロー経営の状態って、誰でもできるのかって質問をしたときに、実存的変容が必要だとおっしゃっていた。ティールの場合には、やっぱりメンタルモデル的に、孤独に耐えられるマインドだったり、そういったものがないと、結局壊れてしまうというところが、深いレベルであると思ってるんですよ。

ティール組織って、あらゆるメンタルモデルの人にできうるものなのか、天外さんはどう思われますか？

天外　メンタルモデルの4つのなかに、どれができてどれができないということはないと思う。ただティア1の人がリーダーシップをとることはできない。

成長していく組織には、引っ張っていく人が必ずいるんだよ。経営者と社員の区別がないとか、みんな平等だとかいうけれども、精神的支柱みたいな存在の人が必ずいる。僕はそれを、CSO（チーフ・スピリチュアル・オフィサー）って呼んでいる。

そういう存在は、ティア2じゃないと無理だと思うんだよね。で、実際には、ティール組織はティア2の人が必ずやっているわけ。

このあたりは、F・ラルーはちょっとしか書いていないんで、この場でしっかり議論をして「ティール組織」を実行したい人たちに役に立ちたいと思うよ。ひとつは、意識の成長発達段階と「ティール組織」の関係。さらに踏み込むと、ティア2とティア1の比率がどのくらいになれば「ティール組織」の運営がうまくいくのか。

あとは、由佐美加子の提唱するメンタルモデルごとに、異なるスタイルの「ティール組織」ができていく、という仮説の検証。あ、これはまだ実例が少ないから、検証は無理かな。さしあたり仮説の提示だね。

F・ラルーは、「参照モデル」として一連の組織の階層構造を提示して、その功績はとても素晴らしいと思うんだけど、我々は「実行モデル」として「ティール組織」を扱っていきたい。

9章

メンタルモデルごとに「ティール組織」が異なる

【解説】

天外塾では「フロー経営」を実行するため、塾生の「実存的変容」をサポートしてきました。じつは、「ティール組織」を実行するためにも、同じ「実存的変容」が必須です。天外塾というのは「ティール組織」の実行もサポートしていることになります。

このセミナーでは、スパイラルダイナミクスを知っている人が多いので、「実存的変容」という代わりに、「ティア1からティア2へ」という表現が使われます。

それとメンタルモデルの関連が語られます。メンタルモデルが「ひとりぼっちモデル」の武井に対して、「愛なしモデル」の塾生が違和感を訴えます。そこから、メンタルモデルごとに異なるスタイルの「ティール組織」があり得るという話に発展しました。この点に関しては、セミナーでは十分に議論が進まなかったので、「Tenge's Eye」で補いました。

いまの社会システムや法律と「ティール組織」の間に齟齬が生まれており、ヨーロッパでは法律を変えることが検討されていると嘉村が語ります。さらには、株式上場などに新しい方式を導入する必要性などが議論されます。

セミナーの実録

天外　メンタルモデルというのは、分離された生命エネルギーにとてもネガティブなラベルが貼られたもの。人々は、何とかそこから逃れようともがいて回避行動に走ります。外側に働きかけてね。でも、逃れようとしても、自分自身のエネルギーなので逃れられない。その状態がティア1。怖れのエネルギー、天外塾流にいえば、モンスターのエネルギーに駆動された人生なんだね。戦いの人生。そのメンタルモデルのエネルギーが統合できた状態がティア2。天外塾流にいえば実存的変容、真我のエネルギーが使えるようになった状態。由佐美加子は機関銃のように言葉を発して、その人にとって不本意な現実が自らのメンタルモデルから発生していることを納得させてティア2に導く。

天外塾は「フロー経営」を実行するために、様々な瞑想ワークを駆使して、塾生をティア2に導いてきました（注：『問題解決のための瞑想法』《マキノ出版》参照のこと）。最近気づいたのは、「フロー経営」も「ティール組織」も、同じティア2に達すると実行できるということ。だから天外塾は「ティール組織」を目指す人々の塾でもあるんだ。

最近、その瞑想ワークのなかに「メンタルモデル瞑想」というのを取り入れて、とても効果を上げています。それぞれのメンタルモデルに応じてスートラ（祈りの言葉）を定めて、毎日朝晩の瞑想中にマントラのように繰り返し唱える。だいたい累計で５０００回を超えると、効果が自覚できるようになる。

トップダウンかボトムアップか

塾生5　ティア1側の人間からの質問です。ティール型で方向転換をやっているというよりも、これがダメだった、じゃあこうするっていうのは、武井さんがトップダウンで独裁的にやられているような印象を受けます。そこが自分のなかで違和感があります。私から見るトップダウン的な舵取りというのは、ティア1なのかティア2なのか判断ができない。

あと、訊きたいのはその背景にある、武井さんのなかのモチベーションです。すごく勉強して、自分の理想どおりの会社を作ってやるんだみたいな、そういうモチベーションみたいなものがあるのかなと……。

武井　パーソナルな話しかできないんですけど……。そもそもティールを目指すとか、そういうものはない。僕ら10年以上も前からやってますし。ただ、いい組織作りたいなってところから始まった。自然経営って言葉を使っている理由でもあるんですけど、自然の摂理に則ってるということを大事にしたいなという思いです。そこからずれたら戻したいし、ここでありたいなっていうことです。僕にとってはベクトルみたいなものが、自然経営で、そのベクトルが社会的な環境において、どこまで実現できるかというのが、オレンジだったりグリーンだったりティールだったり、その上だったりというフェーズなだけなんです。

僕が言っている自然経営っていうのは、階層の話じゃなくて、方向感みたいなものかと思っています。そのなかにおいて、先ほど天外さんがおっしゃってたみたいに、何かをするにしても、それ自体のいい悪いというよりも、関係性とかにおいて、あるときはすごくよかったものが、あるときは、同じやり方でやっても全然ダメになりうるわけです。それって求めてる人に対して、目標を持ったほうが絶対いいよって言ったときに、すごく気持ちよく、わかりました！　ってなったら、それでいいじゃないですか。命令とかそういうのじゃなくて。相手が欲してたものがうまく入るみたいなイメージです。でも、求めてないのに、もっとがんばったほうがいいよとなると、同じことを言っててもパワハラになる。

天外　でも、これやったほうがいいよ、わかりました！　っていうのと、本人が気がつくのと、えらい違いじゃない？　トップが言ってやったら、やらされ感が残るじゃない。天外塾ではやらされ感が残らないように、それはすごい排除している。

武井　それはかなり気を遣いますね。

天外　僕はそれイマイチだと思う。本質的な成長はしないよ。

武井　組織構造のなかで役職をなくすとか、そもそも命令っていうものをなくすというふうに、いろいろな要素を取り除いていくと、あんまり人を動かせなくなるんですよね。僕だけじゃなくて、お互いに。これやったほうがいいよとか、べき論で、人がほとんど動かなくなるんですよ。だからうちの会社って、新しく入った人が、なんでこの会社の人、全然動かないの？　みたいなことを言うこともあるくらいです。

トップダウンかボトムアップか、という考え方も、そもそも上下がある前提の話じゃないですか。テンセグリティって構造体があるんですけど、僕ら生き物的な組織って、それと同じネットワーク型組織です。球体なので、上も下もないんですよね。

ティールにもさまざまなスタイルがある

塾生5　そこ、納得いかないんですけど。作った中身を語られる言葉は納得するんですが、それに至る上での過程というか、生身の武井さんがなぜそこに至ったかというところの説明が、私のなかで落ちてこなくてですね。

武井　最初に、給料をオープンにして、みんなでいい会社を作りたいって言い出したのは僕ですね。

塾生5　武井さんの組織の話は、冷たい感じがするんです。私はいま、社員が辞めて悲しくて、落ち込んでいます。関係性がなくなったことが悲しい。ティール型組織の関係性というものをどう作るか、というところに、興味があります。

天外　武井さんはね、メンタルモデルからいうと、「ひとりぼっち」なんだよね。塾生5は「愛なしモデル」だよね。その差が出ているのかな。

塾生5　武井さんは、関係性そのもののなかに、あんまり焦点を置いてないんじゃないかって、そういう意味での冷たさみたいなものを私は感じます。私は関係性が一番大切なような気がする……。

天外　同じように、自然経営というかティールみたいなのをやってても、それこそメンタルモデルによって、ずいぶんスタイルが違うと思う。武井さんの場合は、どう見ても「ひとりぼっち」なの。そうすると、周囲とクールに距離を置く。彼の会社、全然家族的じゃないでしょ。西精工の西泰宏さんと共著で『人間性尊重型大家族主義経営』(内外出版社)って本をまとめました。西精工は、いわゆる日本型経営で、要するに日本の伝統的な経営というのは、家族主義なんです。普通会社に入ると、それに染まるわけよ。武井さんは会社の経験をしてないから、染まってないんだよ。そうすると「ひとりぼっち」のメンタルモデルが、そのまま出てくる。セムコも、家族主義じゃない。

嘉村　セムコとF・ラルーが言っているティールって、けっこうグラデーションがある感じです。

F・ラルーは、ティールを採用したいっていう人がいたときに、「なぜですか?」と必ず尋ねます。聞かれた経営者は「この変化の激しい時代に俊敏な組織をつくらないと」とか「社員が幸せになりそう」などと答えます。しかし彼はそれでは理由としては薄いといいます。もっともっと深掘りして論理的な理由ではなく、極めて個人的な感情から湧き上がるような理由を発見し、それを従業員に伝えていく事から始まるというのです。

F・ラルーはエゴとソース（注：宇宙の源）を区別して発言をしようといいます。何か経営者が語るときソースとつながって語るときは自然とメンバーの中に共感が生まれていきますが、エゴが先に立つ場合、簡単には集団は動き出しません。そういう時に権力を使ってしまったりする場合があるわけですが、それを完全に手放そうというのです。このソースという概念は存在目的に近く、セムコ社はその部分に力点を置くのではなく、仕事の自己組織化部分を卓越させて、あの組織論を作ったところが面白いですし、違いの部分でもあります。

メンタルモデル別のティール組織

天外　塾生5がもし、そういう組織を作ると、たぶん、関係性を重視した愛の組織。それはそれで、そういうやり方をとれると思うんだよね。「愛のティール」っていうのがあると思うんだ。ダイヤモンドメディアみたいに、「ひとりぼっちのティール」もある。

それは個性であって、それに合う人合わない人っていうのが、また出てくると思うよ。それはしょうがないよね。

でも、ダイヤモンドメディアでも、武井以外にもティア2に達した人が何人かいるかもしれない。そうすると、たぶんその人のメンタルモデルも反映されるね。直感的には、複数のメンタルモデルが反映した「ティール組織」が、より強力なような気がするけど、これは今後の研究対象だね。いまは、そもそも「ティール組織」を実行しているところがわずかしかなくて、とてもじゃないけどメンタルモデルの差を検証するところまで行かない。

Tenge's Eye 6

4つのメンタルモデルに応じた、それぞれの「ティール組織」（仮説）

Ⓐ「価値なし」モデル

このモデルの人は、ティア1のレベルのときには、自らが価値ある存在であることを証明しようとして、社会のなかで成功するための努力を惜しみません。ティア2に達すると、人は成果をあげなくても、他人に評価されなくても、存在しているだけで十分に価値があることに気づき、それを世のなかに広めるという生き方になります。したがって、ティール組織を運用するようになると、成果や能力に無関係に報酬が決まるとか、存在そのものを尊重するような仕組みを作るでしょう。強いて命名すれば「存在重視型ティール組織」と呼べます。

ティール組織ではありませんが、「未来工業」（第1回ホワイト企業大賞受賞）や「べてるの家」（統合失調症の人のための互助施設）が参考になるでしょう。

Ⓑ「愛なし」モデル

このモデルの人は、ティア1のレベルのときには、愛情豊かで、盛んに人に奉仕をします。しかしながら、条件付きの愛のため、いくら奉仕をしてもなかなかそれに応えてくれない、といつも嘆いています。

ティア2に達すると、世界は無条件の愛に満ちていることに気づき、それを実現するような生き方になります。したがって、ティール組織を運用するようになっても、「無条件の愛」を追求するのがテーマになります。

F・ラルー『ティール組織』だと、家族主義経営はグリーンに分類されますが、関係性を重視した「家族主義型ティール組織」というのは、大いにあり得ると思います。家族主義経営は日本のお家芸であり、これから、このタイプのティール組織が増えてくることが予想されます。

Ⓒ「ひとりぼっち」モデル

このモデルの人は、ティア1のレベルの時には、自由と孤独と独創性を愛し、一匹狼的に行動します。人間関係や、組織をいきなりスパッと断ち切るのも特徴です。

ティア2に達すると、宇宙は元々一体である「ワンネス」に気づき、その概念を世界に広める生き方になります。「ティール組織」というのは、生命体的な「ワンネス」の世界なので、このモデルの価値観にピッタリです。「ティール」という言葉がまだない頃から、この方向の組織を独創的に模索してきた人は、ほとんどこのモデルでしょう。自立、独立、自由を尊重するので、社員が成長するか、モチベーションが高いか、などには関心が薄く、それは個人の勝手、という姿勢を貫くでしょう。関係性に執着しないので、流動的な組織になりやすいと思います。これは「個性尊重型ティール組織」と呼んでもいいかもしれません。

自分が「ティール組織」を運営するだけでなく、人々が「ティール組織」を実行するように導くか、ティア2に導くか、などの活動をするようになります。

実例としては、「ダイヤモンドメディア」（第3回ホワイト企業大賞受賞）、「森へ」（第4回ホワイト企業大賞受賞）などがあります。

Ⓓ「欠陥・欠損」モデル

このモデルの人は、ティア1のレベルの時には、自らの欠損部分を何とか埋めようと、いろいろな資格を取ったりして、比較的ひそひそと暮らしています。いくら資格を取っても欠損部分は埋まらず、空しさを感じています。

ティア2に達すると、欠損部分を埋める必要はなく、人間は凸凹のままで美しく、しなやかに生きていけることに気づきます。元々コントロールしようとはしない人なので、「ティール組織」との相性は良いのですが、リーダーシップを取らないので、組織が変わるのに時間がかかるでしょう。社会的弱者を大切にする組織になる可能性が高いと思います。「ダイバーシティ尊重型ティール組織」と呼べるかもしれません。

実例としては、ティール組織ではありませんが、第5回ホワイト企業大賞特別賞「社会復帰支援大賞」を受賞された北洋建設があります。

大家族主義経営とは

武井　大家族経営を目指していたときもあったんです。絶対にみんなで幸せになりたいって、すごいがんばった時期が何年間もあって、その結果、うつ病になる人が何人も出ちゃったんですよね。
幸せにしたいって思っているのに、お互い不幸になっちゃうというのが、苦しくて。やっぱりメンバーが辞めていくときは、めちゃくちゃ辛いですし。どうしてなんだろう、みたいなことがありました。
天外　幸せにしたいっていうのは、コントロール願望だね。武井みたいにメンタルモデルが「ひとりぼっち」の人は、たぶん大家族主義経営とは相性が良くないと思うよ。

武井　そうです。人間的な部分では、すごくつながっていました。だけど、一緒に仕事ができないのも仕方ないって思ったときに、一緒に仕事をしてるだけが人間関係じゃないと考えたんです。人間同士で好きだったら、それはそれでいい。仕事をするってところが、はまっていたら、一緒に仕事をすればいいし、はまってなかったら飲み友だちでもいいし。そういう距離感のコントロールみたいなのが、少し組織としてうまくなった気がします。

そこから誰かがひどい精神状態になっちゃうということは、なくなりましたね。いろんな試行錯誤が手厚くなったので、ひどくなる前に離れるようになりました。

大家族経営って、僕の感覚でいうと、グリーン組織なのかなと思ってます。親分経営というか、気前のいい親分経営。グリーン組織みたいな感じで、やってた時期もあったんですけど、僕にしたら辛いんですよね。

天外　大家族主義経営に関して、ネッツトヨタ南国の横田英毅さん、何かコメントないですか？

横田　いろんな経営者の方とお話ししてて一番感じるのは、どんな会社を作りたいからというのを、明確に描いている方は非常に少ない。

たとえば売上をあげたい、利益を出したい、会社を大きくしたい、そういう思いはどこでもありますよね。だけど自分はどんな会社を作りたいとかについてはあまり明確なイメージを持っている人はいないんですよ。

だから、あるひとつの価値観で、ありたい会社の姿を明確に描いて、それに向かってやっている人をたくさん見ると、自分自身がどういう会社を作りたいのかというのが見えてくる。という意味で、私も武井さんの今日の話を聞いてて、自分の目指すべき方向をもっと明確にしたいし、少しでもいい方向へ修正していきたいなと思いました。

家族主義ということで言うと、私は会社ができたときから、社員は家族ではないと言ってきました。でも最終的に、すごく家族のような会社になっているんですよ。子どもを連れて会社に来る。会社で行事があったら、子どもを連れて来る。子ども同士が友だち。それから若い男女はだいたいたいくっつきます。自然に家族のようになってますね。

家族じゃないという位置づけで、休みの日に社員同士が一緒にあちこち遊びに行くような関係になればいいなと思ってたら、なりましたね。

瀬戸川礼子　家族じゃないというのはどういう意味で。

横田　家族だったら、どんな子どもでも最後まで見放さない。でも会社というのは、そうでもない。価値観が違うと一緒じゃないほうがいいわけだから、袂を分かつ人というのは当然出てくる。武井さんのところが、自分の会社の社員をほかに紹介したりするのと同じで、やっぱりそこは価値観が合わなかったりすると、別れはある。そういう感じですね。

瀬戸川　縛ってはいない？

横田　縛ってないですね。

ティールは今の会社法にはそぐわない

天外　時間が過ぎちゃったんだけど、最後の1問くらい質問ありますか？
塾生6　武井さんの会社は、配当されておられるんですか？
武井　配当してないですね。
塾生6　それはどういう考えですか？　配当をするとした場合、どういう考えで、その問題を扱ったらいいというふうにお考えになりますか。
武井　そもそも上場してないです。配当というものの考え方も、難しいと思っています。そもそも所有権というもの自体をどう考えるかということに、帰着しちゃうのかなみたいなのがあります。株主って一回株を持ったら、売るか売らないかは、本人の自由なんで、ずっとその所有権というのを維持できちゃうじゃないですか。でもそれが本当にいいのかどうかということもあると思っています。
　そもそも所有という概念と共有という概念が、混ざってきているなという気がしていて。ただ会社法によると、所有権が強すぎるので、その権利の主張というのが、難しい。
塾生6　『ティール組織』を読んでいると、上場した大きな会社もいっぱい出てきます。配当についての考え方というのは、必ずしも、ここからは読み取れなかったんです。そこが一番、論理的には難しいところかなと思いますが。
武井　配当を出すか出さないかの権利をどう考えるかというのは、つまり、どれくらい報酬を出すか、何に使うかというのは、P／Lの話じゃないですか。配当というのはB／S

のあとの話なので、P／Lの時点で、どれだけ使うかというものを、決められるようにしちゃうと、B／Sのほうで配当をコントロールできなくなるので、健全性は増すのかなと思います。

運営する側で、株主もこうやってがんばってくれたんだから、このくらい出すかとか、どの株主はがんばってくれたからと、配当以外の報酬の出し方があってもいいような気がします。単なる配当じゃない考え方に広がっちゃうと、収拾がつかなくなりますが。

塾生6　新しい資本主義の形を目指すのであれば、そういう考え方もあっていいと、私は思います。

天外　ティール組織みたいなものが、今の会社法で定める企業から、ずれてきているんだよね。

嘉村　ヨーロッパの方では、ホラクラシーとかティールの実践者の人たちから会社法を変えていこうというアプローチも始まっているようです。日本もそういうふうになっていけばいいと思うんですけど。

武井　ICOなんかは、自由に設計ができちゃうので、トークンが株式みたいなものだとすると、トークンでどういうオプションを設定するかって、自由に設計できる。同じトークンでも、こっちは配当が多め、少なめ、その代わりこれをやってねとか、これは何もしなくてお金だけ出してねとかって、いろんな関わり方を選べるようになったりとかすると思うんです。それはすごく未来的な気がします。

塾生6　株式経営から、トークン経営に移っていくというふうに多少将来は見ておられる？

武井　そうですね。なんと呼ぶかって話だと思うんですけど。

塾生6　ざっくりの方向感。それはよくわかります。

天外　投機をどう考えるか。今大多数の株主は、投機としてやっているわけだよね。それが所有権を主張されたらかなわないわけよ。だからこのへんもシステム的に全部おかしい。

塾生6　仮想通貨も、いい仮想通貨と投機の仮想通貨とあるけど、ほとんど投機ですから。

天外　だって今、仮想通貨全体がもうギャンブルになっちゃって。仮想通貨だからうまくいくって話じゃないよね。サブプライムローンで、金融マフィアがたいへん汚いということが表に出てしまった。でもマイニングマフィアって、もっと汚いからね。もう、仮想通貨の世界って、ものすごい汚れちゃったよね。だからブロックチェーンを使えばうまくいくなんて話はまったくない。そのへんが人間の悲しいところです。

よろしいですか？　今日はこのへんで終わりにします。ありがとうございました。

10章

給料をどう決めるのか？

【解説】

約1カ月が経過して2018年8月24日、国際文化会館に再び同じメンバーが集まり、第2講が始まりました。実は、このメンバーはFacebookでも盛んに議論をしており、「給料をどう決めるのか」に関してホットな議論が展開されてきました。

従来の管理型マネジメントでは、「内部公平性」と「外部競争性」を勘案しながら上司が部下を評価して給料が決まります。そのやり方は千差万別あるものの、一応確立しており、社会労務士やコンサルタントなどが指導しております。ところが、「ティール組織」など、上司も部下もなく、管理もない組織で給料をどう決めたらいいかは、いまのところまったくわかりません。

それを議論しようとすると「給料とは何か？」という、基本的な問題に立ち返らなければばいけません。

天外からの問題提起に続いて、武井から給料に関する基本的な考察が語られます。まずは、給料と報酬の違いから始まり、従来の人事評価がほとんどＰ／Ｌベースであり、Ｂ／Ｓが考慮されていない、という鋭い指摘があります。成果主義などは、まさにＰ／Ｌベースですね。

いまの一般的な給料は「職能給×職務給×時間」で決まりますが、これは相手が工場労働者であるというのが前提です。おそらく、いまの法律も慣習も、「女工哀史」の時代にできたベースを引きずっているのでしょう。この決め方により、さまざまな歪みを生んでいることが語られます。

ダイヤモンドメディアでは、それにかわって「価値」という概念を重視し、１時間程度の話し合いを数回行って給料を決める方式を取っています。

そこらの経営学者より武井の方が、余程物事を本質的に深くとらえているような気がします。

２０１８年末に、カルロス・ゴーン前ニッサン会長が逮捕され、企業トップの高額報酬問題が、世間を騒がせました。新聞紙上でのどちらかというと浅い議論を見た後で本章の深い議論をもう一度読み返すと、ここに集まった人たちが、これからの日本の産業界をリードしていくな、と確信しました。

セミナーの実録

天外　待望の第2講が始まります。給与の問題が出て、まとまらなかったので、今日はそれに集中したいと思います。

ティールのいろんな問題があるんだけど、そのほとんどは給与をどう決めるかというのに、僕はリンクしているような気がします。

たとえば情報公開が大切ですよ、ああ、そうですか、で終わっちゃうんだけど。いざ給料を決める話になってくると、まともな決め方をしようとすると、情報公開がないと絶対うまくいかないわけだね。そういう切羽詰ったところからいこうとすると、給与の話が一番ティールの「へそ」になっています。いままで、あまりいい方法というか、これだ！って感じのものは、たぶんないんじゃないかなと思います。

今日は、それに焦点を絞って、給与から出発して、その周辺を武井さんにお話しいただこうと思います。この問題は、深掘りしなきゃいけないので、そのあと賢州さんにファシリテートをお願いして、みんなでディスカッションをしたいなと思います。

これは、結論が出るような話じゃないんだけど。たとえば「給料とは何か」という問題ひとつ取っても、けっこう理解されてないんだよね。

社員から見ると「生活のため」というのは、ある程度正解です。それを無視したら会社は崩壊します。でも、それだけじゃないよね。

昔、「給料はインセンティブだ」という思想が流行ったことがあります。でも、成果主義を取り入れたソニーとか富士通とか、みんな凋落していったから、この思想は大変な痛みを伴って間違いだと証明されました。

未来工業の山田さんは、「給料は分け前だ」という定義をしているけど、武井は、給料の決め方を売上にリンクするとおかしくなると言っています。売り上げはアップダウンが激しいけど、給料は安定して欲しい。赤字になったら、社員に補填しろというわけにはいかない。社員を増やすと自分の給料が減るので、必要な増員に反対意見が出たり……。売上にリンクするとおかしくなるんだとすると、本質的には給料は分け前じゃない。

分け前の要素も多少はあるんだけど、ああいう要素もある、こういう要素もあるということも必要だと思う。

ティール組織の給与の決め方を、ディスカッションしているときに、これはやっちゃいかんよという原則もあると思うんだよね。たとえば、どこかで権力が発生するような決め方とか。そういういくつかやっちゃいけないようなことも、もうちょっと深掘りしたいと思います。

これは、真剣にティールを導入しようと思ったら、どうしても避けて通れないので、ここで深掘りして、このメンバーで日本流のティールの、漠然たる方向性みたいなものを出していきたいなということです。

最初に武井さんがしゃべりにくくなるように、ちょっと毒を吐いておきます。たとえば武井さんのところでは、給料は相場で決めるという、かっこいいことを言ってるけど、これは下手をすると、声の大きい人の意見で決まっている可能性がある。それから下手をすると、目に見えない権力が発生している可能性がある。

だから、たぶんまねをしたときに、そういう危険性がものすごくある方法論だね。

それからダイヤモンドメディアでは、その昔、「給料を自分で決める」という、要するにセムコのやり方をやったけど、2回給料バブルが起きて、失敗してギブアップしている。これも、ひょっとすると単にやり方がまずかっただけじゃないかという疑いもある。

武井さんのところで失敗したから、本質的にダメなんだと結論付けて、「自分の給料を自分で決める」というトライアルを、他でやらなくなったらもったいないと思う。

僕自身は、社員の意識レベルが揃ってきたら、十分それで行けると思っているんだな。でも、自分では実行していないから説得力はない。ぜひ、どこかでトライして欲しいな。あるいは、社員の給料一覧を見せて、高いと思うか、低いと思うか、それぞれに匿名で投票できるような仕組みがあってもいいかもしれないね。5段階評価くらいでね。修正するといったん評価が消える。これだと給料決めのコストはものすごく少ないよ。あくまでも修正は自分の判断で……というのが美しいんだけどな……。

僕はテニスをやっているんだけど、テニスでクラブ対抗戦をやると、ものすごくマナーが悪いクラブもあるんだよね。オンラインボールをアウトという、意図的にミスジャッジをやるクラブ。これはひとりがそれをやるのではなくて、クラブ全員がそれをやるんだよね。だから僕らはこれを、伝染性ミスジャッジ症候群と呼んでいる。

ということは、何かの折に、人というのは、そっちに振れちゃうと、みんなそれが伝染しちゃう。うちのクラブは幸いにそれがないんだけど、誰かがやると一挙に伝染する危険性は常にある。

給料バブルが起きるというのは、その伝染性ミスジャッジシンドロームと同じようなことが起きている可能性がある。それをどうやって防ぐかという枠組みを、ちゃんと心理学的にも突っ込まないといけないいんじゃないかなという気がしています。いろいろ批判的な目を持って、武井さんの話を聞いていこう。

自分でちゃんと考えないで、単に、ダイヤモンドメディアのやり方をそのままコピーするだけだと、必ず失敗するよ。

報酬の問題は答えがない

武井　最初に申し上げておきますと、答えのない世界の話を我々はしているわけです。人間の幸せとは何か、みたいなものと一緒だと思っています。答えがないので、僕に答えを求めて、武井の答えは間違っている、合ってるとかいう議論自体が意味がない。僕の話というのは、あくまでも僕の考えであったり、僕らが実際にやってきたこと、それで何が起こったかという、ただそれだけの話です。ただそれだけというふうにとらえていただくのがいいと思います。

ティール組織については、やっぱり報酬の相談が一番来るんですよね。どうしたらいいんですかって。でも答えはありません。よく社労士さんとかが、人事評価制度、考課制度、給与テーブル、等級制度、グレード制とか、いろんなものを作りますけど。あれは機械的なデザインです。

僕らはそういうことをしないので。どうしたらいいですかと言われても、わかりませんとしか答えられない。ビジネスモデルや会社が置かれている状況とか、環境とか、仕事の内容や、あるいや立地によっても、全然変わるんですよね。

ある会社から相談を受けておもしろかった事例があります。その会社には世界にオフィスがあって、人が国を越えて異動したときに、給料をどう扱ったらいいかわからないということなんです。世界のあっちとこっちとでは、物価が50倍違うと。もう、わかんないです。

その会社は、ＩＴの会社で、社員が百数十人くらいなんですけど、世界に5拠点くらいある。インドネシアとアメリカでは物価が50倍くらい違うんです。インドネシアに住んで、インドネシア出身のインドネシア人は、インドネシアの物価で暮らしてても満足なんですけど。アメリカ人がインドネシアに行って、物価がインドネシアだからといって、給与をインドネシア物価に合わせたら、将来アメリカに戻ったときに、全然資産を作れていないことになる。貯金をしても意味がないじゃないかみたいなことです。給与は、現在の話だけじゃないんです。

　これは本当に答えがないなと思いました。そういう世界のなかで、でも、やっぱりお金って便利なものだから、それがないことには、今の世の中は成り立ちません。絶対的に最後は決めなきゃいけないという、ものすごいジレンマのなかで僕らも毎回毎回ずっとこねこねし続けている感じです。

　ちなみに、僕はいろんな組織のお手伝いをしていますが、ティール型組織とか、自己組織化する組織って、ボランティア団体の場合だと、とてもうまくいくんですよ。ティール化が超簡単なんです。情報をオープンにして、権力をなくして、オーケー。一瞬でうまくいくんですね。もちろん立ち上げた方の思いが強いとか、その人がこうしたいというのが、出てきちゃう場合もあるんですけど。ものごとを勝手にコントロールできないような前提を作ってしまえば、それだけでけっこう回るようになるんですよね。

　なぜかと思ったら、それはお金を扱っていないからなんです。報酬の分配というのが、一番難しい。これはたぶん貨幣経済というものが、残り続ける以上は避けられないと思います。

　経済って、貨幣経済、ボランタリー経済、バーター経済と、大きく3つくらいあります。たぶん仮想通貨みたいなものが普及はすると思うんですけど、貨幣は絶対なくならないと思う。

報酬と給与の違いとは

武井　報酬ってそもそもなんなのか。報酬と給与は、違う言葉です。給与ってお金です。報酬ってお金以外のものがいっぱい含まれますよね。それって、たとえば労働環境であったり、会社のブランドだったり、そこで積める経験だったりキャリアだったり、いろいろですよね。そこにかわいい女の子がいたとか。

たとえば、ＩＴ業界ではいわれているのですが、かわいい女性がいると、優秀な男性が入社して来るといわれています。

天外　ダイヤモンドメディアではやってないの？

武井　うちの会社もやりました。一時期、エンジニアの男性ばっかりになって、オフィスが部室みたいな匂いがするっていわれてたときがありました。どうしようかと、ディフューザーを導入したりしたのですが、全然ダメで……。でも、若い女性を採用して、社員の女性比率を増やしたら、やっぱり変わりました。

会社も人間同士の営みなので、そういうものなんだなと思います。女性がいると、おもしろいことに、男性の出社率が上がるんです。うちの会社は出社自由なので、別に出社しようがしまいがいいんですけど、やっぱり女性が増えると、自然とみんな来るようになるんですよね。

このように人間って、経済合理性だけで動いてないじゃないですか。行動経済学とか社会経済学とかいう研究があるくらい、人間って感情で動いたりする。つまり感情やそういうものが含まれているのが報酬かなと思うんですよね。

そう考えたときに、給料をがんばって決めるといっても、ブランドだったり、キャリアだったり、ほかの人だったり、立地だったり、というなかで、お金も構成要素のひとつでしかないと思うんです。たくさんあるなかの、ひとつでしかないものに、正解を求めて喧々諤々やっても、あんまり意味ないよねという感じなんです。

たとえば人によっては、キャリアを積めれば、お金はそんなに関係ないという人もいますし、逆に今絶対にお金が必要なんだって人もいるかもしれない。そういう条件がいろいろ違うなかで、それを画一的に評価する評価制度というものを作るのは、おかしいなという側面がひとつあります。

雇用とアウトソースについて

武井　もうひとつ、うちの会社でやっぱり出てるのが、雇用とアウトソースの問題です。自然経営研究会でいろいろな企業をコンサルティングしているんですけど、やっぱり世の中の仕組みが一番おかしいと思ってます。
今の世の中って二項対立で作られているんですよね。正規雇用の人は労働基準法があってああだこうだと言っている一方で、アウトソースはアウトソースで勝手にやってね、みたいな。この2つの間にきっぱりと線がある。これ二項対立です。

でも、ダイヤモンドメディアで、雇用関係にあるというのは、社会保険に会社で入っているかいないかだけなんですが、雇用関係にあったとしても、副業している人がいっぱいいるんですね。逆にフリーランスなんだけど、週に5日くらいフルコミットしている人もいる。山田さんなんかは週1~3くらい会社でふらふらしている。でも、オフィスにはおはようございますって入って来れる関係性にある。

この雇用とアウトソースの間の中間層というのが、今ものすごく増えてきているんです。僕は国土交通省で都市開発というか、街づくりみたいなものを手伝っているのですが、これって、街づくりでも一緒です。街でいうと、「定住人口」と「観光客」という考え方があります。

人口が減っちゃったからどうしよう、観光資源でまちおこしをしよう。移住の窓口作ってがんばろうみたいなことが行われています。移住者の誘致を地方自治体ががんばったら、今度は、移住をやっている地方自治体同士で人の奪いあいが始まって、勝ち組、負け組が出ているんですよ。

大都市の隣に位置する地方の自治体の方とお話すると、隣の大都市が全部移住者を持ってっちゃうと。ほかの自治体は全然栄えてなくて、大都市だけがメディアにばんばん取り上げられて、ふざけんな！　みたいな。何にも変わってないじゃん、みたいな。

そんな中、街づくりで新しい言葉が生まれて、まさに「定住人口」と「観光客」の間の中間層が生まれています。ちなみに定住人口って何かというと、住民票を置いているか置いてないか、それだけです。納税しているかしてないか……その中間のことを、「関係人口」っていうんです。それは雇用とアウトソースの間と一緒なんだと思います。そこでいう、関係者というか、ステークホルダー。

中間層というと、たとえば2拠点生活をしている人とか、ふるさと納税も微妙に関係者ですよね。そこには住んでなくても、実家があるとかもそうかもしれない。

中間層は、すごいグラデーションがあるので、両端を100からゼロとしたら99から1あるわけです。幅が広いので、画一的に決められないんですよね。

じゃあ、僕の勝手な基準で関係人口ってなんなのかっていうと、そこに行ったときに、「ただいま」って言えるかどうか。すごい定性的な基準だと思うんですよね。それって明文化できない基準なんです。その人が来たときに、お帰り、って言えるかどうかみたいな関係性。だから山田さんがうちのオフィス来たら、「おはようございます」ってなるんですね、「いらっしゃい」じゃなくて。

給与の決め方について

武井　山田さんって、「ただいま」って言えるオフィスがほかにもあるんですよ。でも、社会システムって、ゼロか100かみたいなものしか設計がなくて、法律とかも全部そうですけど。雇用者と労働者とか、二項対立でみんな成り立っているんです。

こういう働き方をしていると、法律のほうがおかしいよなと感じることが多くなります。どうやって報酬を決めたらいいのか考えたときに、全然前例がないので、どうしたらいいのかわからない。

たぶんここにいらっしゃる方って、これ、わかるわかるって感覚の方が多いと思います。まさに答えがないじゃないですか。しかもITが発達しているので、いつもスマホで仕事ができちゃうし、出社しなくていいし。そうするとタイムカードは意味がなくなる。

僕は、社会保険労務士たちが集まる場に講師として呼ばれるくらい給与制度を調べたんですけど、いままでの給与の決め方って、「職能給」と「職務給」と「労働時間」っていう3つの要素でほとんど決まっているんですね。

「職能給」っていうのは、その人が持っている知識とか能力に対して払う、いわゆる資格手当てみたいなもの。この人はエンジニアだから、みたいな能力に対して払うという考え方。

「職務給」というのは、その人がやっている仕事に価格をつけて、その仕事はいくらだという、一般的にいう、同一職務同一賃金制みたいな考え方です。同じ仕事をやっているんだったら、平等に給料一緒でしょ、みたいな考え方です。

あとどのくらいの時間働いたのか。残業だと1・X倍とか、休日出勤だと1・X倍払いなさいみたいな。

でもこれを考えたときに、「職能給×職務給×時間」って、労働者であるという前提なんですよね。でも「職能給」「職務給」「時間」のどれも「価値」というものと結びついてないんです。それによってどんな価値が生まれたかとか、どんな価値をもたらしたかということが、まったく言及されてないんです。これはおかしいでしょう。

しかもいままでの時間という考え方も、1日8時間、週40時間、それを超えたら残業になりますけど、みんな家に帰っても仕事のこと考えちゃうし、職場にいても仕事のこと考えてない人はいる。うちの会社でもずっとニコニコ動画見ている人がいて、彼はやっぱり辞めていきましたね。でも彼は、一番会社にいるんですよ。仕事していない時間が長いから、すぐ徹夜するんですよ。外から来た人が見ると、あの人がんばってるね、みたいに言われるんですけど、あんまり価値を生んでないんですよね。

フリーで仕事をされている方って、経営者の方もそうだと思うんですけど、飲み会は、飲み食いをしているのか営業なのか情報収集なのか、それらが全部かぶってるわけじゃないですか。だから時間って重なり合って、きっぱり区切れるものではないわけです。マンガを読んでいたとしても、インスピレーションが湧いてくるかもしれないし。ご飯食べても、何か気づきがあるかもしれない。

そう考えると、時間って給料とまったく関係ないとも考えられます。

「職能給×職務給×時間」で、給与というものをデザインすると、何が起こるか。こういう仕組みに対して人間って、レントシーキングって現象が起きるんですよね。日本語だと超過利潤。簡単にいうと、仕組みのなかで、仕組みの穴をつくようになるんです。

ＩＴ業界だと、そういうのをチートとかハックとかいいます。つまり給与制度ハックが起こる。仕事してないのに残業する人とか、全然能力が追いついていないんだけど、やたら資格取って、資格手当てばっかり稼いでいる人とか。経験も知識もないのに、難しい仕事をやらせてくれといって、無茶しちゃう人とか。でもこういう仕組みなので、そういう人の給与が上がっちゃうんですよね、それ、おかしいでしょうと。

今の給与制度になっていった経緯

武井　うちの会社でもさんざん給与ってなんだろうねって話し合ってきました。何か基準を決めようかって枠を作ったり、このくらいの仕事のときは、給料のレンジはこのくらいかなと調整したりしました。

営業の仕事でインセンティブをつけてみるかとか、売上の何パーセントは個人に戻すかとかもやったことがあります。

そうしたら一部の人たちの間で、明らかにダイヤモンドメディアの対象じゃない顧客の仕事を取ってきて、結局そのしわよせが他部署におよぶ、みたいなことが頻繁に起こったんです。

もちろんお客さんはみんな大切ですけど、時間軸で考えたときに、顧客のライフタイムバリューで、優良顧客と一回ぽっきりの顧客って、全然潜在価値が違うわけです。でも目の前のお金の動きと給与を連動させると、僕も含めてですけど、人間誰しも、自分の給与が、上がっていくようにしたいに決まっているわけです。もちろん健全にやっていきたいという話なんですけど。

でもその健全性ってわからないんですよね、本人も、僕もわからないし、周りの人もわからない。自分の成長と会社のためにと思っていても、変な行動をしちゃったりすることもある。

そうやって会社でいっぱい問題が起こったんですよね。同じ売上をあげている営業がいて、こっちの人はすごい丁寧に仕事を整えるから、お客さんの満足度がすごく高い。さらにそのお客さんがリピートしてくれて、今度はほかのお客さんを紹介してくれる。

かたや、雑な仕事をしている人の場合、ほかの人たちが大変で、クレームならまだしも、お客さんが裁判を起こしてくることもあるわけです。

そんな経験をして、僕らが行き着いたのは、給与ってほんと難しいよねということなんです。会社の置かれている状況によっても、払える懐事情も違うし。

それを給与として個人に返すのか、それとも会社の設備とか備品とかに投資をして、労働環境をよくするのか。どっちも個人に対する報酬なんです。オフィスを移転して、大きくするとか。逆に新しい人を入れたら、事業も成長するかもしれないし、個人の仕事の負担も楽になるかもしれない。

給与の話が会社の話になったり、仕事の話になったりする。

答えがないってことは、話し合うしかないねという結論に至ると。いまだに、話し合いは話し合いなんですけど、話し合いで決めるうえで、さっき天外さんがおっしゃったような、危うさもあります。市場の原理を使って給料を決めていくということは、株式市場と同じような振る舞いをしちゃうこともある。それが給与バブルです。市場の原理って、自然のエネルギーなので、ものすごく強いんですよね。それが整ってないと、どうなるか。人間の体でいうと、体が整ってないと癌になっちゃったりするわけで、癌になるってどういうことかというと、生命エネルギーが強すぎて、それがきれいに消化されないと、滞ってしまうということなんです。

会社のなかでも、エネルギーが強すぎるがゆえに、攻撃的になっちゃったりもするんですよね。そういうのを整えるためのガイドラインを作ったりとか、それに慣れている人がリードしていくとか、いろんなことをやってきました。

さっき天外さんが言ったみたいに、ひとりの意見が強くなりすぎないように、話し合いの場の前に、無記名でアンケートを取って、コンテクストを一回キャンセルさせた状態で意見を出すというようなことを工夫してやっていますね。

最近給与回りのデザインなんかも、もう、あえて僕がタッチしないで、そういうのが必要だと思った人が動かしはじめています。試行錯誤なので、うまくいくときも失敗するときもあるんでしょうけど、それも含めて組織学習だと思っています。

価値と関係のないものでデザインされた給与制度

天外　無記名アンケートってどんなアンケートを取るわけ？

武井　めちゃくちゃシンプルですよ。一緒に仕事をしている人たちに、この人の給与が適正だと思うかどうかとか。

人間って匿名になると、いきなり攻撃的になるんです。それってその人に言いたいことが、いっぱいたまっていたりするので、攻撃的にならないような質問の言葉を工夫してみたりとか。

ＮＬＰとかと一緒で、感情をどういうふうに切り取るかだけなので、そういうふうにいろいろやったりはしてますけどね。

いまだにうまくいってるのか、よくわかんないです。たぶんずっとこんな感じなのかなって、最近はちょっと半ば諦めてますけど。

もうひとつすごい重要なこと。今の給与制度って、価値と関係のないものでデザインされています。成果報酬をつけるのか、つけないのかとか。あれって全部Ｐ／Ｌの話なんですよね。Ｐ／Ｌで収支が合った結果、Ｂ／Ｓが作られて、これが循環するうえで、キャッシュフロー(Ｃ／Ｆ）というのがあって。入金、集金のスパン。お金にまつわる財務指標って、この3つがあって、財務諸表3表あって、どれも重要です。

でも世のなかの人事考課制度って、全部P／Lしか見ていないんですよね。それが分け前制。そもそも株式会社って、昔は船で貿易行って帰ってきて、分け前をみんな分けて、はいおしまい、みたいに一回一回単発だったんです。だからベースがないんです。

そうすると、失敗したら、ああ残念だったね。うまくいって利益が返ってきたらみんな、ハッピーだね、ということで分け前ってめちゃくちゃうまくいくんですね。

けれど、私有財産権、所有権というものが保護されるようになってから、株式会社とかの組織の寿命が、人間の寿命より長くなっちゃったんです。そうするとあがった利益をB／Sとして持ち越して、またB／Sを用いて新しいP／Lを作って収益をあげてという、循環が生まれて、どんどん大きくなっていってしまった。考え方が全然変わっちゃったんですよね。だから都度都度あがった収益を、その場で精算するということが、今はあまり理に適ってないといえる。

会社の決算というのも、国が勝手に1年ごとに決算をしろって言ってるだけです。会社の業績っていいときも悪いときもあるわけで、それを勝手に1年、2年、3年と人間が区切っているだけなんです。じゃあ、利益が出たこのときは、利益が出たからその利益を分配するのか。

ティール組織の階層のなかでグリーン組織、大家族経営的な組織で、利益3分配の法則みたいなのがあります。最終的にあがった営業利益を、社員と株主と会社で、3分割して分けると平等だよね、という考え方です。

そもそも会社って、所有者と経営者と労働者があって、それで分けたらいいんじゃないかという考え方もあるんですけど。それはすごい短期的な思考になるんですよね。

会社は投資も必要ですから、赤字になったときに、その赤字をみんなで3分配するかといったら、そうはしない。社員も負債持てよ、というのとまったく同じ話じゃないですか。じゃあ、なんで利益出たときだけ3分配して、利益出ないとき3分配しないんだというのは、B／Sを考えてないからなんですよね。

P／Lにもとづいて、あと業績連動もそうなんですけど、給与を設計すると、事業部採算性とかで、この事業部はめちゃくちゃ利益出ている、この事業部は赤字となったときに、優秀な人ほど業績があがって、利益が出ているほうに優秀な人が集まっちゃうんですよ。

でも今この瞬間に利益が出ている事業って、ビジネスモデルとして確立してて、安定的に回っているということは、仕事の内容としておそらく簡単なんですよね。ルーティン化してて、派遣社員で回せる仕事になんで高い給与をつけなきゃいけないのかということになる。新規事業とか、世のなかにないものを作るほうが、難しいに決まっているわけです。難しいところに優秀な人が行かなきゃ、できるわけないじゃないですか。でも今の世のなかの給与制度って、そうなってないから、優秀な人が新規事業に行かなくて新規事業が立ち上がらない。

重要なのは、その人がやっている仕事が収益あがっているから、給与が高いとかじゃなくて、その人が優秀かどうかで給与を決めないと、会社として、必要なところにお金が流れないですよね。

それが価値っていうものだと思ってる。それを僕らはマーケットバリューって呼んでいます。その人の市場価値がいくらなのかっていう話です。僕らが会社のなかで、持っている相場感というと、2つあって、それは社内相場と社外相場です。これは厳密に決まっているというわけではなくて、ざっくりと念頭に置いているくらいの感じです。

社外相場というのも、営業の誰々さんがほかの会社に転職したら、給与をいくらくらい取れる人物かなんて、行く先の会社によって、全然違うわけです。外資系なのか、同族企業なのか、マーケットによっても全然違う。

どのように給与を話し合いで決めるのか

武井　社外相場ってボラティリティが激しいので、まあ、そんな感じかなってくらいなもんでしかないです。

社内の相場っていうのは、今の給与で一応並べられるので、誰々さんはこのくらい、誰々さんはこのくらいって並べられる。並べて、あとは関わっている人同士で、このくらいがいいかなって話し合う。それをずっとやってますね。

天外　その話し合いに、どのくらい時間かけるの？

武井　今は、給与を実際に動かすのは半年ごと、年2回です。以前は3カ月ごとに給与を動かしていたんです。でもあるときから、3カ月ごとにやらなくてもいいよねとなって、半年に1回になったんです。

なぜ変わったかというと、ビジネスモデルが変わったからなんです。今のうちの会社って、いわゆるクラウド型サービスと呼ばれるような、月々いくらって形でもらう仕事が多いので、売上の7割くらいが継続収益なんで、けっこう安定的なんですよ。

でも昔はスポットの売上が8割くらいで、あるときは、10人で、営業利益500万出たという月もあれば、赤字300万みたいな月もあって、上下の振れが激しかったんですね。だから3カ月ごとに話さないと、半年も待っていられなかったんです。

ただ、ビジネスモデルとかプロダクトができて、収益構造が変わったら、それに合わせて給与の決め方も変えたほうがいいということになって、3カ月ごとに話すコストのほうが高いということで半年ごとの見直しになりました。

今、新しい人間が増え始めている時期なので、そういう人たちは、うちの会社のそういう歴史とかを理解していません。小さい会社ですけど、5つくらい事業があるので、隣の事業の人が何やっているかわからないという状況もある。それで、もう少し話し合う機会があったほうがいいんじゃないかということで、今年から、給与を動かす年2回で、その間に、クオーターごとに振り返りの場を持つことをやり始めています。

天外　どこか出かけていって、リゾートでやるとか？

武井　会社で、会議は1時間くらいですね。一般的な会社だと、上司が全員と個別面談とか、目標設定を一緒にやってとかやったりすると思うんですけど。そういうのに比べると、マネジメントコストは劇的に軽いとは思いますね。

天外　1時間で話し合える？

武井　延びるときもありますし、早く終わることもある。Aさんは Bさんより、絶対仕事できるよなとか、Cさんピカイチだよなとか。この人絶対会社辞めてほしくないなとか。彼は口ばっかりだなとか。そういう感覚って、一緒に仕事をしているなかで、絶対あるじゃないですか。給料をオープンにして並べておいて、それを動かすだけ。仰々しいコーチングをやったりすることはない。

天外　給料のリストがあって、それを目の前にして、これはどうだ、あれはどうだって1時間やるわけ？　今何人いるんだっけ？

武井　今30人ちょっとくらいです。これは全員でやるわけじゃありません。ビジネスの機能として、組織図的に分解すると、マトリックス型組織の会社ってよくあるじゃないですか。あれは、事業部門と機能部門の2軸で分かれています。事業部門というのが、たとえば小売事業、EC事業、なんとか事業ってあって、機能部門は管理、営業、生産、商品開発など。会社ってこういう事業部門と機能部門というマトリックスに分けることができるんです。事業部門単位でミーティングをやったり、給与会議は機能部門でとか、2回やるという感じです。

天外　その会議に何人くらい集まるの？

武井　それぞれやっているので、わかんないですね。その話し合いも参加が任意です。委任って、自分の給与もほかの人の給与も委ねますというのもありだし。会議の主催者の温度感にもよります。絶対参加してくれっていう人もいれば、どっちでもいいよっていう人もいる。できるだけみんなの日程を合わせる人もいる。

天外　その会議の主催者っていうのは、何人くらいいるの？

武井　今3～4人くらいかな。主催者というよりファシリテート的な役割をしています。HR担当はプロジェクトごとにHR（Human Resource）チームみたいなのがあります。HR部門みたいな部署というか。マトリックスプラス、プロジェクトみたいなのがいくつかあるんですね。これを合わせて3Dで事業部門軸、機能部門軸、プロジェクト軸の3つの軸で組織をとらえる。

うちの会社では肩書きはオフィシャルには特に作ってないですけど、やりたいことがあったら、どうぞやってくださいというスタンスですかね。これは今のうちの規模なので、こんな感じでやってますけど。

塾生7　委任する方はどれくらいいらっしゃるんですか？

武井　僕もあんまり参加しないのでわからないのですが、職種によって異なるようです。

11章

給料をオープンにする。大切だがなかなかでき難い！

【解説】

組織の抽象度の階層構造と「手触り感」の議論が進みます。「手触り感」というのは、武井独特の表現であり、論理的な理解を超えた「腑に落ちる」とニュアンスが似ています。このあたりは、武井がいかに物事の本質を追求しているかがよくわかります。一般には、抽象度が高いほど給料が高くなるのが普通ですが、武井はそういう決め方を否定します。

いま、一般の企業では、他者や他部門に対する無関心が当たり前ですが、それが生まれるのは個人の意識の問題ではなくて、組織構造の問題だといいます。会社を良くしようと思ったら、まずヒエラルキー構造を改めた方がいい、というのが彼の持論です。

武井は、ティール型組織運営のコンサルをやっていますが、その踏み絵に相当するのが「情報の透明性」、とりわけ給料をオープンにすること。ところが、それに対する抵抗感がものすごく強いといいます。世のなかでは、ティールと思われている有名な会社でも給料はオープンになっていないところが多いらしいです。武井は、それでは本当の意味での改革にはなっていない、といいます。

この天外塾の武井セミナーが成功かどうかは、いま受講している塾生の何人が給料オープンに踏み切るか、で決まるでしょう。

その後武井から、理念もコンピテンシーも、単なる経営者のエゴではないか、という意見が出され、さらに「分離」と「統合」の深遠なディスカッションへ発展しますが、このあたりはまた別の機会にもう少し深掘りすると面白いと思います。

セミナーの実録

塾生4　所属する人がどんな人か訊きたいです。お話をうかがっていると、どこの会社でもプロでやっていけるような人、年収700万円とか1000万円もらっているような人が多いから、そういうような感じでも成り立っているのか。いや、500万円とか400万円クラスの、いわゆる普通の人が多いのか。平均所得としてどうなんですか？

武井　平均所得としては、正規雇用の人はならすと500万円くらいです。20歳の人もいるので、ばらばらですね。あとは年齢と能力も関係ないので。

うちの会社のようなティール的な組織を作るには、社員みんなが自立してないといけないんじゃないですか？　っていう問いがよくあります。

たぶん白黒つける言い方をすると、そうあるべきだという話になっちゃいます。でも、僕の感覚でいうと、人間の体とかと一緒で、お互いの相互関係が重要だから、全体として自立してなくてもうまくいっていればよくて、その人を助けてくれる人がいれば、それでお客さんは困らないし、それでオーケー。

でも助けてもらうのが、あまりにも過度で、負担が大きすぎたら、お前いい加減にしろってなるわけで。それはお互いの人間関係の組み合わせというかパズルみたいな感じな気がしますね。

そういうものに対する個人個人の閾値というのが全然違うんです。たとえば僕は、めちゃくちゃきれい好きなので、オフィスが散らかっていることの閾値がめちゃくちゃ低い。超敏感なんですよ。すぐ掃除したくなっちゃう。でも全然鈍感な人もいる。

それと一緒で、お客さんからの緊急な連絡に対して、感度の低い人も高い人もいる。人間関係に対してすごく敏感な人もいれば、気にしない人もいる。いろんな人間の感情のセンサーがばらばらで。でもばらばらでいいと思っていて、全体としてうまく回っていればいいという感覚です。

全体としてうまくいってなかったら、それをどうしようかっていうのは、話し合ったほうがいいんでしょうけど。

人件費率

塾生4　ちなみに、給与の総額というか、外注の人も含めての人件費率はどの程度でしょうか？

武井　売上に対して人件費率がどれくらいというのは、もちろん数値として見れます。相対的に見てほかの企業の分析とかもしているので、僕らの業態の健全な比率がこれくらいだというラインもあります。でも、あくまでそれは一般論であって、そのときどきに必要な投資もあります。特にうちの会社はずっと投資しているので。

人件費の予算が足りないから、人が採用できないとか、いい人がいるんだけど、予算の関係で人が採用できないというのは、必要なところにお金が流れてないということなので、もったいないじゃないですか。だから僕らはめちゃくちゃいい人がいたら、採用しちゃう。

天外　参考のために、人件費率の提示はするわけ？

武井　提示もしないです。

塾生4　でも見れるんでしょ？　リアルタイムで。

武井　みんなは見てます。だから人件費率がだいぶ上がってきたね、みたいな話は出ます。

天外　見れることは見れるわけね。

武井　それを見ながら給与もある程度話し合う。

塾生4　事業によって売上が出てくると思うので、そのなかで給与配分などを考えることはないのですか？

武井　しないですね。さきほど言ったとおり、業績連動とか事業部単位でアメーバ的に事業部採算性とかカンパニー制みたいに分けるっていうのもひとつですけど、僕らくらいの規模でそれをやっても、あんまり意味がないので、ざっくり見つつも、結局全体のお財布として見ている感じですね。

塾生4　お給料を話すときに、機能の軸と事業の軸とグループに分かれてやるとおっしゃったんですけど、全体のお財布を、グループごとに話したりするんですか？

武井　話すときもあれば、あんまり話さないときもあります。けっこうそのときどきで、変わりますね。

これは過去を見ても、新しい人が入ったときって、会社の全体の話をしても、新しい人からするとつかみどころがない。その人がいかに優秀だとしても、過去のことを知らないととらえにくいし。とらえるっていうのは、僕のなかでいうと、手触り感というか、マテリアリティと呼んでいます。

たとえば自分の家計簿って、ものすごい手触り感があるじゃないですか。だから100円のボールペンにするか80円のボールペンにするか、差額は20円だけどちょっと悩むみたいな、あの感覚が手触り感なんです。どこかのスーパーで返ってきたお釣りが何十円足りなかったとかで、感情が波立つみたいな。額の問題じゃない話ですね。手触り感。その感覚をどこまで会社のなかで、抽象度の高いところまで維持できるか。

仕事というのをあえて三角で書くと、一番下の層は実行フェーズのエグゼクションというか、とにかくDOをするタスクレベルです。その上にオペレーションがあって、ルーティン的な業務が継続的、安定的に回っているかどうかの管理。この上にマネジメントがあって、リソースの配分であったり、もうちょっと抽象度の高い仕事になります。

マネジメントのうえにストラテジー、戦略。このうえに僕は、経営というものがあると思っています。この三角の上下は抽象度の軸です。下に行けば行くほど具体的だし、時間軸でいうと短期的だし、数値化しやすいし、見やすい。上に行けば行くほど時間軸が長くなって、関係するものが多くなって複雑になって、抽象的になる。

「手触り感」とは

塾生4　生き物とか事業って、価値を共通的に考えるのが難しいんじゃないかと思っているなかで、いい感じに全体のお金を配分しているように見えます。どんな感じでしているんですか？

武井　能力が実行くらいのことしかできない人とマネジメントができる人の差があるのは、仕方ありません。マネジメントのところにいる人は、ここから下のことは「手触り感」を持って理解できたり、コントロールできたりするという。実行の人は、実行のところろしか見えないんですよね。

「手触り感」っていうのがなんなのかって、人間の感覚みたいなものなので、定量化できないし、数値化できないし、可視化できないから、自分以外誰もわからないものだと思うんです。

でも「手触り感」を得るためには、知識ではないので経験するしかありません。よく天外さんが、大脳皮質で覚えても意味がない、MBAは意味がないって言うのと一緒で、経験すると「手触り感」が出てくる。仕事をしてくなかでだんだん、上れる人は上っていく。

仕事の三角形と給与が完璧に連動しているかというとそうでもありません。等級制度とかだと、たとえば年収で、実行は300万から500万、オペレーションは500万から700万と、完全に切り分けるじゃないですか。

でも実行ですごい人がいたら、僕らは1000万でも別にいいというスタンスです。等級制度をあんまり敷かないのもこういう理由です。

三角の一番上の経営というものから、一本軸があって、理念というものを、具体的なものに落とし込む。抽象的なものから、今やっていることが、どれだけきちっとつながっているかどうかずれてないか、フェーズの境目で調整するわけですよね。それが今一般の企業だと中間管理職がやっていることです。上から下りてきたものと現場とのずれをひたすら調整するみたいなこと。

この縦の一本軸のことを理念と呼んだりします。僕はこの軸を自然の摂理と呼んだり、宇宙の原理・原則と呼んだり、普遍の真理みたいなものととらえています。これに則った経営をするから自然経営と呼んでいるわけです。

この三角の下の人は上の人を絶対評価できないんです。でももちろん上の人に感じることはあるわけで、それを話し合いのときとかに、こういうふうにしてもらったらうれしいとか、こういうふうに言われたときに傷つきましたとか、そういう話し合いがあるといいだろうと思っています。

抽象度を上げる

武井　評価するというのは、やっぱり情報処理能力だと思っています。だから全体的にものごとをとらえるのが大事なのは、そういうことだと思います。

関係性は情報で成り立っています。テンセグリティの丸がノードで、棒がリンクっていうんですけど、リンクは情報なので、人間関係って情報の関係性でしかありません。ただ、情報っていうものの定義が実はあやふやです。

たとえば単体も情報。単体が複数になってそれが繋がるとまたひとつの情報になります。横の情報の量を視野の広さとして、いろんな情報をグルーピング化して、それに高さを与えていくと、視座の高さになります。これは抽象度の話ですね。

わかりやすく具体例で言います。阪神タイガースと巨人とヤクルト、これをまとめるとプロ野球になります。リーストアッパーバウンドという考え方なんですけど、横の情報で生じるコンフリクトは、抽象度を上げないと解消しない。阪神と巨人のファン同士がめっちゃ仲悪いときに、仲よくさせようとしたら、横で話し合っても意味なくて、同じプロ野球だと上から落とさないと、統合しないいんですよね。分離しててもいいんですけど、統合しない。

たとえばその上の層で野球とサッカーのファン同士けんかしていたら、いやいや、スポーツでしょ、と統合する。そういうふうに抽象度を上げていくんです。

抽象度を上げていくと、最後は無にたどりつくらしいんです。色即是空の空がそこらしいです。座禅とかすると、抽象度の低い部分をすっ飛ばして最後に触れることができるから、至高体験になるらしいです。

横の視野の広さと縦の視座の高さに対して、さらに時間軸というものを与えると、これが3次元の空間になって、これが思考空間になると思います。人によって考えられる量とか広さ、そのなかで違うもの同士をつなぎあわせる能力って、人によって全然違う。

専門家と呼ばれる人たちは、基本的に、横の情報のつながりの部分です。

経営のような複雑なことを考えていると、思考空間ってどんどん広がっていくと思うんです。違う業種のことを調べたりとか、海外のことを調べたりとか。このビジネスで5年後、10年後どうなっているのかとか。時間を動かしてみると、パラメーターが動いて、これは寿命が短そうだなとか、長そうだなとか。投資とかもそうだと思うんですけど。どれだけの空間のなかで、ひとつの情報、個別の要素をとらえるか。

社会構造学というのがあって、たとえばこのコップは水が入っているからコップですけど、ペンが入っていたらペン立てになるし、砂が入って種が植わっていたら植木鉢に変わる。周りのものとの関係性によって、そのもの自体の意味が変わる。

だから言葉で何かを定義するということ自体が難しいもんだと思っているので、今は理念を明文化してないとか、あえてあやふやにしてあるのは、何かを僕の目線で定義するということの危うさがあるからです。

ヒエラルキー構造の給与制度

武井　また給与の話に戻っていいですか？

一般的なヒエラルキーで、社長がいて、取締役が何人かいて、それぞれなんとか管掌とかなんとか担当役員とかが何人かいて、部長がいる。部長の下に、課長、平社員がいます。抽象度が一番高いところからいくと、理念があって、ビジョンがあって、その下にミッションがある。抽象度がだんだん下がってきています。それからその下に行動指針であるクレド。だんだん具体的になる。

それが長期経営計画になって、年次の年間経営計画になって、事業部ごとに予算として割り振っていくわけです。そして部門ごとの予算になって、その予算を達成するためのK

ＰＩ（key Performance Indicator）というのが生まれる。最近だとＯＫＲ（Objectives and Key Results）。そういう定量化した数字があって、次に個人個人のＫＰＩ。言い換えるとノルマだったり、ＫＰＩに応じて、それを達成したら給料上がる、達成しなかったら未達みたいな……。

つまり、給与制度って、ヒエラルキー構造の一番具体的な末端なんです。だから給与制度を変えて会社をよくしようというのは、無理なんです。どんなに給与だけいじっても、給与制度では、馬の前にニンジン吊るして、駆り立てさせることしかできないんです。

会社をよくするために、給与制度を考えるのだったら、ヒエラルキー構造自体をやめないといけない。給与制度の改善じゃなくて、ＯＳの乗せ替えが必要。ウインドウズからマックみたいな、そもそも違うＯＳなんです。

給与制度って、一個人にものすごく影響を与えるので、この給与制度という枠のなかにいると、そのなかで自分の給与を最も高められるかというほうに引っ張られちゃうわけです。こういうなかで、自分の給与を手っ取り早く上げる方法って、専門家になることなんですね。自分のやっている業務の専門性を増す。そうすると一番早く給与が上がるんです。だから大企業で、専門家ばっかりで、ゼネラリストとか全体を見れる人がいないというのは、給与制度のせいなんです。でも、実は給与制度だけのせいじゃなくて、構造のせいなんです。

給与制度は、限られた枠内でしか評価できないので、自然とサイロ化現象が起こるわけです。隣の部署が何をやっているかわからないとか、同じフロアですぐ近くで仕事をしているんだけど、部署が違うから、普段何をしているか知らないとか。他部署は忙しそうだけど、こっちは暇だから早めに帰るかとか。

本当だったら全体最適して、忙しいところに暇な人が行って、助けてあげるのがいいに決まっているんですけど。分かれてしまっているから、それができない。

一人ひとりはいい人なんです。だけどわからないから手伝えないし、手伝ったとしても、その人の評価制度はその人の事業部とか部署のなかでしか判断されない。Aさんが隣の部署のBさんの仕事を手伝っても、評価制度のなかで評価できないから、給料が上がらないわけです。すごいバリューを出したとしても、給料上がらないから手伝わないとなるじゃないですか。やってもやらなくても給料変わらないんだったら、やらないのがむしろ普通ですから。

他者や他部署に対する無関心が生まれるのは、個人の意識の問題じゃなくて、構造の問題なんです。もちろん意識からアプローチすることもできると思います。意識が変わった人が、その構造を変えるわけです。

給与を公開できる会社、できない会社

武井　でもその逆をいうと、構造を変えると意識も変わる。

僕と山田さんがやっているコンサルティングって、心理学的な人間の意識を直接変えようというようなアプローチはほとんどしていません。とにかくストラクチャー、会社の構造体、アーキテクチャー、それを設計して乗せ換えましょうということをやっている。かなり合理的といったら合理的です。

だけどおもしろいことに、それをやりましょうよというと、人によって、それはできないっていうのが出てくる。そのぶつかったところが、その人の今の意識レベルなんですよ。その踏み絵が情報の透明性なんです。

情報、給与をオープンにしましょう。社長の給料オープンにしましょうよ。やましいことないですよねと言って、全然いいよって言ってできる人と、できない人がいる。

社長自身の給与だけじゃなくて、古くからいる人の給与が説明がつかないくらい高くなっちゃってるケースとかもあります。

成長している企業でよくあるのが、優秀な人を採りたいから、社内の相場からかけ離れた金額で採っちゃうみたいなこと。

説明のつかない給与の差のほうが、たぶん社長さんにとっては、触れられたくないところかもしれません。日本でもティールを進めている会社さんが、事例として挙がったりしてますけど、給料をオープンにしている会社というのは、ほとんどありません。

天外　え？　ほんと？

武井　たとえばある会社は、組織としてずっと積み上げてきたものがあるから、説明のしようがないけれども、給料だけはオープンにできないと言っている。

天外　でもそれが現状だからさ。それをさらけだすとよくなると思うよね。そんな抵抗あるんだ。

武井　社長自身は、自分の給与を公開することは全然痛くもかゆくもないんです。ただ、社内に生じているズレをどう調整すればいいのかわからない。調整できないくらいの規模にもうなっちゃってるし。そうなったときに、人が絶対辞めて、会社自体が揺らいじゃう。早いうちにやったほうがいいのは、間違いない。

誰かが得したり損したりしない給与制度を

武井　あるベンチャーは、オープンにしています。最初からこういう状態を作っておけば、健全な状態でずっと維持はできます。

たとえば『ティール組織』の本に載っている会社でも給与はオープンにしてないですね。そこは、ティール的なところも強いですけど、グリーン的な要素のほうが強いかなと僕は思っています。社員が正規雇用が40人とか、全部合わせても60人くらいで、売上が30億とかあるんですよ。営業利益でたぶん10億とか出ちゃうレベル。だからとりあえず、みんなの給料高いんです。みんな満足度が高くて、不平不満は出ない。

うちの会社は、ずっとお金もない、人もないってところでやってきたので、いろいろ工夫してきたという経緯があります。たぶん生物と一緒で、過酷な環境でいたほうが進化するみたいな感じです。お金が潤沢にあったら、制度をちょこちょこいじるとか、1万円で喧々諤々朝まで話す必要がないじゃないですか。

法的な分け方だと、会社って、経営者と所有者と労働者というのがあって、三権分立なんです。これは本来一体のものですけど、それぞれ役割が違って、その役割同士でコンフリクトがすごい起きている。上場企業とかが最たるものかと思います。

労働者の給与を上げると、労働者はうれしい。でも所有者である株主は取り分が減るので、うれしくない。労働者と所有者って完全にゼロサムなんですよ。

販管費が上がると、純利益が減る。純利益を増やしたいから、販管費下げろといって、この奪い合いみたいな状況です。この間にたっているのが経営者。大企業になると、所有者の人たちに所有している感覚がないから、リターンだけよこしてくれればいいよ、みたいになっている。

だから、会社にとって社員を厚遇することは、社員にとってはいいけど、経営者と所有者にとってはよくない。労働市場において、年収400万くらいが妥当みたいな人に対して、800万出していたとしたら、その差額の400万は過剰なコストになります。

それは、その人が優秀とか優秀じゃないとか、価値があるとかないとかいう話ではないんです。相場よりかけ離れているということは、仕入れ値が高いということなので、その無駄なコストを誰が負担しているかという話になります。それは、株主だったり、顧客だったり、ほかの人が損をしているわけです。

誰かが得して、誰かが損をするということを、僕らはしたくないと思っている。みんなが得をする方向にどうにか動けないかなと。だから所有者と労働者が奪い合うシーソーゲームじゃなくて、どうしたら、みんなで上にいけるかという、その道を探しているんです。

そう考えると、給与ってすごくシビアにならざるをえない。うちの会社は、利益が出たとしても、賞与は年間2回ありますけど、売上とか利益に応じて給与を業績連動で分配しません。

会社の状況が、たとえば投資フェーズから収益があがって回収フェーズになるみたいなことがあったとしても、給与はそんなに変わらないんですよね。高い人は高いままだし、低い人はそんなに変わらない。

もちろんそのなかで、その人の成長とか労働市場における価値が変化したり、いろんなものが変われば、それも変わってしかるべきなんですけど。

ひとつの指標と連動していないというのが、給与に対する考え方です。

給与制度の考え方

天外　ネッツトヨタ南国の横田さんは、どうしたらいい人が採れますかという質問に対して、給料を安くすればいいと言っている。なぜだかわかる？

武井　自分で給料を上げられるから？

天外　じゃなくて。彼なんか、大企業はいい人が採れないって言うよね。なぜかというと、給与がよくて、ネームバリューがよくて、安心できて、大木のもとであると、それを求める人が来ると。

　給料が安くて、地方の中小企業で自動車のディーラーだったら、それでも来たいという人は、働きがいを求めて来る人だ。これは、彼の求める社員像なんだ。

　だからいい人を採りたいと思ったら、給料を安くすればいい。もちろん働きがいのある組織ができてなきゃいけないけどね。

塾生　ボランティアだとうまくいくっていうのと一緒ですね。

天外　あともうひとつ、ソニーでの経験でいうと、委員会制度っていうのがあるでしょ。あれで報酬委員会っていうのができると、最悪です。

　なんでかっていうと、報酬委員会って、経営陣の給料を上げることしかやらないわけ。

武井　そうすると、彼らの評価が上がるんですか？

天外　だって、だいたい報酬委員会に呼ぶ人は、外部の人であって、ＣＥＯが呼んでくるわけ。自分では自分の給与を上げにくいけど、報酬委員会にレポートさせれば、どんどん上がる。いくら上げても決める人は外部の人間だから、自分たちは痛くもかゆくもないんだね。報酬委員会ができてから、ソニーの社長の給与、すさまじく上がったね。だからあれは最悪な制度。悪い例はいっぱい思いつくんだけど、いい例がないんだよ。

武井　僕らも、もっと簡単に着地させられないかなとか、今もいろんなアイデアが出ているんですよね。社内副業で、もっと変動する給与があってもいいのかなとか。ただ、それの運用のコストというか、仕組みを作って運用にのせるのってパワーかかるので、大変じゃないですか。

今のうちの規模でそれをやるべきかどうか。でも一般論的な経営論でいうと、正しいことはやったほうがいいとは思いますけどね。

人事評価について

天外　あんまり複雑なのは、うまくいかないっていうのはあるよね。なるべく単純化する必要がある。

さっき1時間の会議って言ってたけど、コストをかけないで、エネルギーもかけないで、そこで情動の磨耗がないようなやり方をしないと続かないよね。

武井　そうですね。無限にある評価軸を、人事用語でいうと、コンピテンシー評価というんです。たとえばその人が、企業文化を体現しているかとか、勤務態度とか周りの人に対する気配りがとか、いろんな軸をつくるじゃないですか。あれって、おもしろいことにインフレしていくんですよね。

コンピテンシー評価が生まれたときって、たぶん両手で収まるくらいの項目だったたのが、僕が知っている限りで一番多い会社が、コンピテンシーが２５０ある。その２５０を３６０度評価で、一緒に仕事をしている10人とかを評価しあうという。その間に仕事をしたほうが、絶対給与上がるでしょうという話ですよね。

見ると、確かにいいこと書いてあるんですよ。でもそういうのって、上の人たちが作るじゃないですか。上の人たちが作る恣意的な意図って、若い社員とか仕事ができない人たちに、こうしてほしいって希望なんですよね。でもできない人はできない。

期待って、いい言葉に聞こえますけど、ともすると自分自身のエゴそのものだと思うんですよね。相手をこういうふうにさせたいというコントロール願望でもある。理念すらも経営者のエゴになりうるとも思っていて、その理念に基づいて、理念を体現しているかというのが評価基準、コンピテンシーに入ってくるわけですね。それって、けっこう暴力的じゃないですか。うちの理念はこうだから、あなたダメって。ほとんどの会社、そうなっちゃってるんですよね。

理念自体は、間違いなくいいものだとは思うんですけど、因数分解をしちゃうからおかしくなると思っています。

塾生6　コンピテンシーは部署ごとに作るから余計専門化して、余計悪くなる。

武井　そうそう。余計ほかのことができない人が増える。

塾生6　外資系製薬会社は、結果的に、年齢が高くて４００万くらいの仕事をしてて８００万もらっている人を減らそうというのをやっているんです。もともと外資系って、隣の人が何やっているかわからない。分離してますよね。
うまくやっていける人のほうが、給与が高くなる。プロジェクトでも進めていく人が給与が高くなる。プロジェクトをやっていこうと思うと、ひとつのことしかできない人はたぶんできない。

西洋と日本の精神性の違い

武井　海外と日本って、分離と統合に対してのそもそもの意識はけっこう違う気はしてます。そのへんは山田さんのほうが詳しいんですけど。ユング心理学とか、そのへんの話ちょっとしてもらっていいですか？

山田　個人的にもともと心理学専攻だったのもあって、ユング心理学の河合隼雄とか、この2カ月くらい集中して見てきました。河合隼雄って、ユング心理学を日本ではじめて資格を取って日本に持ってきた人なんです。

西洋の文化でユングが作ったカウンセリングとか心理療法を日本に持ってきたときに、彼はそのまま適用できないことがあることに直面したらしい。ものの見方が違うんじゃないかと思って、資格を取っているときからすごい探求をしていて、結果的に神話の世界とかまで行っていています。

いわゆる西洋的、わかりやすくはキリスト教で、イエスキリストが絶対的な神が中心にいて、その人に善なる中心とそれに対抗する悪という構造が明確にある、キリスト教的な宗教の世界があります。

一方で日本は多神教だし、絶対的な神はいないし、神話の構造としても、真ん中にいる人と両脇にいる2人の三すくみみたいな構造になっている。真ん中にいるんだけど、本当に何もしない神っていうのが、神話上必ず存在するんです。

神話のはじまりもアメノミナカヌシというのがいて、タカミムスヒとカミムスヒというのが、最初の3人です。真ん中のアメノミナカヌシというのは、名前は出てくるんだけど、それ以降ほとんど出てこないらしい。真ん中にいるけど、なんにもしないっていうのがいた。アメノミナカヌシの他にも、有名なところではアマテラス、ツクヨミ、スサノオの3柱がいますが、真ん中はいるんだけど何にもしない。周りでみんなが均衡してバランスを取るという、日本の神話の構造がずっとあるんです。

武井　中空均衡構造。テンセグリティ。真ん中が空いているんですよね。

山田　もちろんそのメリット、デメリットは当然あります。やっぱり河合隼雄の原体験でいうと、敗戦を経験したのが、すごい大きい。敗戦って、物量とかじゃなくて、いわゆる科学的、西洋的思想に日本は負けたって彼は思ったらしい。それですごく日本が嫌いになって、海外に出ていったんですね。

最終的に日本に戻られて、様々な人の診断をしながら、西洋と日本との違いを研究していった。そして、日本の真ん中になにもないこの構造のいいところ、悪いところがあるよねっということにたどり着いた。このことと、たぶん同じことのような気がしています。

いわゆる西洋的なヒエラルキーの構造って、中心がすごく強くて、それを分配するのをうまくやろうというやり方と、テンセグリティってたぶん違うものだと思います。

武井　トップもボトムもないじゃないですか。でも部分のところだけ見ると、ヒエラルキー的な構造も含んでいるんですよね。

山田　どっちもたぶん必要で。その合わせ方がまだまだ僕らもよくわかってなくて、試行錯誤しているところなんだろうなと。こんなところでよろしいでしょうか。

12章

給料バブルから多くを学んだ

【解説】

武井から、ダイヤモンドメディアで2度起きた給料バブルの貴重な体験談が語られました。その後、これは個人の自覚に頼ってもダメだと悟り、株式市場における市場の原理とか、バブルがなぜ起きるかという研究をやりました。このあたりが武井のすごいところで、頭が柔軟です。ミュージシャン出身なのにもかかわらず、基本的には研究者のマインドを持っています。

その結果、下記の給与決定に関するガイドラインができました。

①客観的情報（市場、マーケットバリュー）
②共有資産に対する貢献
③相場を乱すものを考慮しない

このうち②は、前述のB／Sだけでなく、会社の仕組みづくりに貢献するなど、目に見えない貢献も十分に配慮するということです。

③の「相場を乱すもの」の具体的な例として、下記の4点があげられています。

A　未来に対する期待値

B　一定期間の成果

C　自己評価

D　業務内容の変化

一般の人事評価では、未来に対する期待値や一定期間の成果は、評価の基本的なベースになります。また、業務内容は、まさに職務給のベースです。それらを、相場を乱すとしてバッサリ切り捨てたところがダイヤモンドメディアのユニークなところです。

セミナーの実録

塾生4　給与の話で、社員の人たちがみんなで決めますよね。で、その過程のなかで、給与バブルが起こったって話があったじゃないですか。それを社員の人たちがどうやって収めることができたのか、その顚末を知りたいです。

天外　それが2回も起きた。

武井　給与バブルに関しては、みなさんが給与をオープンにしないと直面しない問題なので、この話を聞いたら、ぜひ給与のオープンに踏み出していただきたいです。

天外　このセミナーが成功したかどうかは、今日集まったみんなのなかで何人の塾生が給与をオープンにできるかで決まるね。

武井　給与バブル。最初に起こったのは7年くらい前です。僕もテンセグリティの構成要素の一員で、僕の給与もみんなと同じように決めます。

話し合いで何でも決めるっていうことをやっていたんですよ。ティールの本でいくと、ホラクラシー。なんでもかんでも話し合い、コンセンサス。とにかくみんなで合意に至るまで話し合おうっていうことを、ひたすらやっていた時期がありました。

そうすると、朝まで会議っていうのがあって、やっているとけっこうテンション上がってきて、がんばってるって感じがあって、楽しかったんです。20代半ばとか後半くらいだったので、若いからできたみたいな感じです。

だけどそのうち、結婚して子どもができたとか、女性が入ってきたとかで朝までの話し合いは無理だということになった。話し合いの時間ももったいないみたいになって、どうやって着地させるのかっていうので、みんな安きに流れるわけです。

それが何かというと、みんな給与が上がったら、文句が出なくなるわけです。お互いをお互いで高く評価し合って、しかもそれを3カ月ごとにやっていたわけです。そうすると3カ月ごとに給与を上げないといけないような流れになってきて、ばんばん給与が上がっていく。

うちの業態でいくと、売上に対して、人件費率が45パーセントから55パーセントが健全な範囲で、それ以上になると、多すぎるというような、ざっくりとした指標があったんです。気づいたら60パーセントとかになってて、売上のボラティリティのなかで、普通に赤字じゃない？　みたいな状況になってしまった。

話し合いでは、もちろんコンセンサスに至っているわけです。みんな気持ちいいし、仲いいし、お互いに責め合わないから、すごくいい。でも会社は全然ダメで、もう給与を下げるしかなかったわけですよ。

全員一律いくら下げよう。それから給与の高い人間もがくっと下げよう。そうしないとこの窮地乗り越えられないくらいまずかったわけです。

塾生4　これはやばいっていうのは、武井さんからの発言ですか？　それともほかの人が言い出した？

武井　覚えてないです。僕らは話し合いをオープンにしてるんで、誰がいい出しっぺとかはあんまり関係ない。

そのときはけっこういい人もいて、ひとり暮らしだからもうちょっと下げてもいいとか、業務委託で外で稼いでいるから下げてもいいという人もいた。でも給料が下がると本当に辛いっていう人もいて、それで辞める人もいました。仕事をお金でしか見てない人というのは、やっぱり給与を下げるときに辞めますね。

そのときは、その窮地は乗り越えて、会社も一致団結してるみたいな空気感だったんです。でもまた、2年後くらいにまったく同じ現象が起こってしまった。

給与の健全な基準として、このくらいが指標としてラインだというのがあるのですが、話し合いをすればするほど、上がってしまうというのが起こる。

これは僕らが単に学習しないとかいう話じゃなくて、何か変なメカニズムが働いているぞと思ったんです。

最初が2011年くらいで、次が2013〜2014年。2回目のときに、これは個人で気をつけても、できないなって思ったんですね。

どういうふうに分析したらいいのかというので、市場の原理というものを調べたんですね。

給与バブルをなくすために

武井　市場の原理っていうと、古臭いですけど、仮想通貨とかも中央で管理してなくてもこれで回っているわけです。ティール組織もなんで管理職がいなくても動くのかって、市場の原理があるから動く。相互監視というか、ピアトゥーピア（P2P)。あれは全部市場の原理です。

『経営の未来』（日本経済新聞出版社）を書いている経営学者ゲイリー・ハメルは市場の原理を、場の力によるマネジメントと呼んでますね。

場の力は、テンセグリティでいうと、個の力ではなくて、関係性の力です。賢州さんがやっているファシリテートというのは、場の力をどう高めるかということ。それは関係性をどう向上させるかとか、そういう関係性の話だと思います。

この関係性ということについて、めちゃくちゃ参考になった本が、『「みんなの意見」は案外正しい』（KADOKAWA）という本です。関係性のなかで、ものごとがどう動くかというものなんです。ウィキペディアとかもこれですよね。いろんなものが集まってわちゃわちゃやってると、結果として完成度が高いものができる。

その本にバブルというのは今の科学では予測できないって書いてありました。なぜならば、バブルというのは、はじけたときにはじめて、そこがバブルだったと定義されるから。はじけなくて、そのまま伸びていれば、そこはバブルじゃない。はじけてはじめて定義されるということは、はじけるまでバブルなんてものは存在しないということを言っている。予測できないということは、事前対策できないと思ったんです。

じゃあなぜ株式市場において、株価というものが形成されるかという話です。

何が株価を形成しているかというと、需要と供給です。売りたい人と買いたい人のバランスで、買いたい人が増えていくと高くなっていく。オークションみたいなもので、相場ですよね。市場価値とか相場価格。売りたい人と買いたい人のせめぎあいで、株価が形成される。

そもそも株式市場の原理というのは、その会社の未来の価値というものを、先に調達する行為なんです。この会社は将来性があるから、たとえば今時価総額１００億だけど、３年後くらいに、１０００億に化けるかもしれない。じゃあ、今のうちに買っておこうっていうことになる。

そういうふうに未来に対する期待値というものがある。でもその会社の財務諸表的に見ると、Ｂ／Ｓでの簿価と呼ばれる、会社の純資産とか総資産で見たときには、10億円分くらいしかないってことがあったりするわけです。

ＰＥＲは純利益に対する倍率で、未来に対する期待値です。その期待値が高まって、簿価だと10億だけど、時価総額３００億で、自分たちの株の10パーセントを第三者割り当てで調達すると、３００億の10パーセント、30億が調達できる。それが株式市場の仕組みなんです。

未来の期待値があるから、今はたいしたことがなくても、すごいお金が調達できるという、いい仕組みなんですけど。未来の期待値があるからこそ、バブルが起きるわけなんです。その期待値がはじけた瞬間に、価値ががくんと下がる。

だから株価がつり上がっていくということと、給与が上がっていくことは一緒なんです。なので僕らは給与のガイドラインというのを作って、３つ定めています。

このガイドラインも給与をオープンにしないと使えません。

① 客観的情報（市場、マーケットバリュー）

② 共有資産に対する貢献

③相場を乱すものを考慮しない

この3つです。詳細説明があります。そんなに厳密にやっているわけでもないんですけど、うちの会社に古くからいる人は、こういうのが感覚的に身についています。健全な経営者さんとか、実力がある方というのは、ナチュラルにこれをやっていると思います。

給与制度のガイドライン

武井　1番目の**「客観的情報」（市場、マーケットバリュー）**はわかりますよね。今の業績とかじゃなくて、価値のある人間かどうかというこの人の市場価値。2番目の共有資産というのは、P／LじゃなくてB／Sに対して貢献しているのかどうか。B／Sには、財務諸表に載らない資産もあって、それが会社のブランドであったり、未来だったり、人材の採用だったり、ビジネスモデルを作ったとか、マネジメントの仕組みを作ったとかが含まれます。

そういうものって、簿価に載らないですけど、ものすごい価値がある。そういうものを作った人が評価されないと、目先のことばっかりやっている人の給与が上がっちゃうんですよ。

第4象限って、緊急じゃないけど重要なことが、経営で一番重要、って話があるじゃないですか。これを大事にする給与制度にしないと意味がない。それがこの2番目**「共有資産に対する貢献」ですね。

優秀な人ほど、その部分をやっているはずですけど、今の給与制度って、あんまりそこのことを評価する指標がない。そもそも無形財産は評価しにくいものなんです。信頼関係とか、外部に持っている人脈とか、その人がいるおかげでつながっているお客さんとかもいるわけです。

3つ目の**「相場を乱すものを考慮しない」**は、まさに給与をオープンにしないと意味がないです。

この3つ目の中に、さらに4つあります。これは期待しないものです。

A　未来に対する期待値

B　一定期間の成果

この半年間で、どれだけ売上をあげたかとか、どれだけ成果を残したかみたいな、一定期間で評価すると、給与がぐわんぐわん動いちゃうんですよね。給与って下げられればいいんですけど、下げにくいんですよね。

給与が人間の幸福度にどういう影響を与えるかというのがあって、安定的であるということと、ちょっとずつでも上がっていくということがあります。ちょっとずつでもいいから上がっていくような給与体系のほうが、心理的な安定性というか、安心感って増すっていうのがわかって、給与は本当によほどのことがないと下げない仕組みにしたんですね。

C　自己評価

これはうちの場合の反省だったんですけど、客観的な情報抜きに自己評価ばかりをプレゼンしちゃうことが強くなった時期があったんです。これがさっき天外さんが言っていた、声が大きい人の意見が通るみたいな話で。言ったもん勝ちみたいになっちゃったんです。

声の大きい人のほうが給料が上がりやすいとか、見た目がかっこいい人のほうが給料上がりやすいとか、アメリカの研究にあるらしいです。自己評価って危ないのです。

D　業務内容の変化

仕事の内容が変わったから給与を上げるということになると、仕事の内容が変わったら給与下げないといけないみたいなことも、紐付いてきちゃうんですね。職務と連動させると、職務が変わるたびに給与を変えないといけなくなる。

そうすると簡単に異動できなくなるんです。仕事の内容を変えるということ自体がリスクでしかなくなるので。そうすると、今やっていることの専門性を増したほうが給与が上がるから、ほかのことをやらないということになっちゃうんです。

仕事の内容を変えると、誰もが素人から始めるわけです。市場価値的には、専門性がある領域が広いほうが価値が高いじゃないですか。

こういうふうにやっていると、会社のなかで新しいことをやる場合も、今やっている仕事を全部やめて、新しいほうに行くとかじゃない。いままで週5日フルタイムでやらないとできなかった仕事が、慣れてきたから週3で回せるようになったから、残りの2日をこっちにあてようみたいな感じになってくるんですね。

優秀な人ほど、マトリックスのなかを自由に移動できるので、自由に移動できる人のほうが、平均的に給与が高い感じはします。

期待しない4つのもののあたりを、けっこうシビアに見ていますね。自己評価はやっぱり言ったもん勝ちになってしまう。でも、重要なのは、僕はもう少し給与ほしいという意見があったとしたら、それは全然言っていいわけです。

そういう個人個人が感じていることを出すと、給与制度に問題があるかどうかわかる。実は給与をもらっている人って、自分がその給与に満足していたら、不満を感じません。給与の仕組みがおかしいよって言ってる人は、自分の給与をもっとほしいと思っている人なんですよ。

天外　A**「未来に対する期待値」**、B**「一定期間の成果」**は、一般の給与の評価ではものすごく重視する項目だよね。

武井　一定期間の成果と共有資産に対する貢献は、すごくつながっていますよね。一定期間の評価をすると、人はP／Lに紐付く仕事に寄っていっちゃうので。

塾生4　このあとにバブルが来るんですか？

武井　どうなんですかね。

天外　バブルが来たあとに、人件費率をたとえば45パーセントと決めて、その範囲で調整しましょうというようなことはなかった？

武井　僕らは新しい事業をどんどんやっているので、先行投資がものすごくかかるんですよね。そのなかで人件費率を、売上に対して考えると、投資できなくなっちゃうんです。

だから今はさらっと見ているくらいですかね。

13章

給料決定に必要な心理的配慮

【解説】

人は、給料が下がることに対しては、大きなストレスを感じます。また、給料の変動が大きいと生活設計がしにくくなります。武井は、給料制度設計には、下記の配慮が必要だといいます。

①短期的な変動が少なく、安定的であること
②めったに下がることはなく、少しずつ上がっていくこと
③生活はしっかりとサポートされること

武井は、ヨーロッパにおけるベーシックインカムなどを研究し、③を達成するための諸手当を設計しました。子ども手当、住居・交通手当などです。したがって、ダイヤモンドメディアは極端な能力主義を取っているにもかかわらず、社員の生活は安定しています。

過去に貢献してくれた、あの人は年齢が高い、などの相場を乱す要素が給料を決定するための議論に入り込まないように、勤続手当、年齢手当を設けるなど、一律の手当で処理する工夫をしています。
社員だけでなく、業務委託に関しても同じテーブルで議論されます。
天外は、このセミナー終了後に、給料を自分で決定するセムコ方式に、システム的なフィードバックを組み合わせた方式を考案しました。本章の内容とはリンクしませんが、最後に「Tenge's Eye」として掲載します。2019年、ダイヤモンドメディアで類似の給与を自分で決定する方法を導入しましたが、あまりうまくいきませんでした。

セミナーの実録

塾生4　自分が社員だったらどうかなって考えてました。社長の武井さんがこのくらいの給与だから、自分はこのくらいかなって、距離を測る感じになっているんじゃないかなって思ったりしたんですけど。そんなことはない？

武井　僕の仕事が何かっていったら、ほとんどの人がわかってないと思う。

塾生4　わかってないと思いますけど。社長が2000万だったら、自分は1000万とか700万でいいとか。そういう感覚っていうのはないですか。

武井　チームのなかでそういう感覚は動いているかなと思います。

天外　それは必ずあるよ。ブラジルのセムコでも、給与を自分で決めることにしたけど、カウンセラーと称している7人の経営者たちは、みんな自分の給与を低く申請しているんだよな。そうすると、それ以上は申請しにくい。

武井　それはそうですね。5年くらい前まで、会社にお金残さなきゃと思って、自分の給与がめっちゃ低かったんですよ。

そういうふうにやっていたときに、ほかの人から、武井さんの給与が上がらないと、ほかの人の給与を上げられないし、そうすると優秀な人を採用できないから、武井さんの給与を上げたほうがいいという話になった。じゃあ上げようかっていって、全体が上がっていったことがあります。

天外　仕方なく上げた？

武井　僕も給与が上がったほうがうれしいですよ。ただ、創業者というか経営者って、会社と人生が一体化しちゃってるじゃないですか。そうすると給与が低くても、精神的に耐えられるんですよね。

でもさすがに、周りの人の給与を上げるためには、武井さんの給与が高いほうがいいと思う、みたいなのはありましたね。

塾生4　ちなみに武井さんより高い給与の方はいらっしゃるんですか？

武井　今のところいないですね。

新規採用の給与について

塾生4　新規採用のときに、給与というのは、実際はどういうふうに決める?

武井　新しく入る人も、面接のときに、うちの給料はこれですって、全員の給料をオープンにしちゃってるんですよ。あなたのキャリアだと、このへんですかね、みたいな。

塾生4　給与が少なくて嫌だってなったら、それはしょうがない?

武井　しょうがないってなるときもあるし、それも受け入れるチームとかで、がんばれるんだったら、がんばる。

10月に、すごいエンジニアの方が入ってくれるってことになったんですけど、いままでの社内のエンジニアたちを、いきなり抜いて、一番高い給与で入ってきますね。それはみんなで話し合って、そういう人が必要だからっていうので、思い切ってやりました。

塾生4　ちなみにその話し合いの結果、給与の変化率というのはどういう感じなんですか。新規で入った人は低く始まったけれど、ばばばんって抜いて、3カ月で1位になりましたみたいなことはあるんですか?

武井　新しく入るときって、社内の相場がわからないので、うちの会社だと入社3カ月以内に、一度給与の調整を入れます。そのときには下がる可能性もあるよという前提で話してはいます。もちろんそこで上がる人もいます。

そもそも合わないとかっていうのもあるわけで、働き方が合わないっていう人もあるかもしれないし、そもそもビジネスとして、うちの会社もITでいうと、不動産に特化した、かなりマニアックなことをやっているので、不動産はおもしろくない、みたいなのがあるわけです。

そういう場合に、辞めやすい仕組みというのは作っています。3カ月以内に辞めることはぜんぜんオーケーで、そのときには、転職支援金として、1カ月給与を出すという制度があります。

これは、辞めることが悪くないという前提です。早い人は1カ月で辞める人もいますし、正規雇用で入ったけど、しばらくして週1とか週2の業務委託がいいですって変わる人もいる。いろいろですね。

給与が下がることについて

塾生4　辞めないけど、給与が下がっていってる人もいるんですか?

武井　下がっていってる人はあまりいません。給与を下げるということは、個人に対してものすごいストレスなので、それがないようにはしています。でも3年間くらいずっと給与が変わらない人はいますけどね。価値に基づいているから、長くいるだけじゃ、給与は動かないんですね。

ただそれだけだと、かわいそうだという側面もあるので、相場とは関係ないところで、手当というのをいっぱい作っているんです。それが、年齢手当てっていう年齢に応じた給与と、勤続年数に応じた勤続手当というのと、子ども手当て。あと住居手当。住居手当も、交通費と合わせて3万円。

給与を決めるときに、この人は何といっても、会社の礎をいままで支えてきてくれた人だからとか、この人は年齢高いからみたいな、そういういろんな思惑というか、相手に対する配慮みたいなものが給与のなかに入っちゃったりすると思います。

でも、そういう要素が入ると、相場が乱れちゃうので、人情的な要素とか、ライフステージによる変化とかいうのは、手当てのほうに全部回しています。手当てを作るときには、ヨーロッパとか北欧の社会福祉制度や保険の制度を研究して、ベーシックインカムみたいな考え方で作りました。

でもこういうところも、いずれ調整とか刷新が必要な時期が来るかもしれないです。

給与の決め方と役員給与について

塾生４　プロセスとしては、最終的には人事部みたいなところがからんで決めていくんですか？

武井　いや、それぞれの部署で自分たちで決めていきますね。人事部は、そろそろ給与会議月間ですよって、各部署で呼びかける運営をやっているだけです。給与の額に対する最終承認は一切ありません。ただ、2回やるようにはしています。
なぜかというと、それぞれが話し合って、部署ごとに給与を決めて持ち寄ったときに、全体の給与額が出るじゃないですか。それがあまりにも大きかったりすると、それをもう一回みんなに話すみたいなことがあるからです。

塾生4　役員報酬って1回決めたら1年間は変わらないんですか？　役員さんと社員では、そういう意味ではプロセスは少し違う？

武井　役員は動かすのは1年に1回ですね。昔は動かしていたんですけど、あれは利益コントロールになるからダメって言われて。

塾生4　利益シェアみたいな感じで、目標より達成したから、みんなで配分ってこともしないですか？

武井　しないですね。
会社の業績は、いいときも悪いときもあって、いいときに出た利益って、じゃあ誰がここに対して貢献したのかっていうと、もしかしたら、もっと前の段階かもしれない。1年単位で利益を精算するっておかしいなと思っているんです。
前の年にすごいがんばった人が、利益が出たときに、もう会社を辞めているかもしれない。今出た利益を今いる人たちだけで配分するのって、すごい理不尽だなと思って。やっぱりがんばっている人は、そのときそのときでちゃんと相場評価されるようにしたほうが健全かな、という考えです。
　もうちょっと余裕が出たら、飲食店でよくある、大入り袋みたいな、もらってちょっとうれしいみたいなのはやりたいなと思ってますけど。

天外　まだやってない？

武井　まだ大入りしてないので。
　それは分配とか報酬とかっていう話じゃなくて、もうちょっとお祭り的な感じです。社員旅行にみんなで行くのと同じような感じかな。もっと経営が厳しかった時期に、社員旅行行くってなったときに、社員旅行のお金を会社で出すんだったら、ボーナスをくれっていう人がやっぱりいたんです。でも確かにそうだよね、みたいになって。

塾生4　配当は一切してないんですか？

武井　株主に対する？　株主は今は身内しかいないので。配当はしてないですね。

納会で情報共有

塾生4　年間に、ダイヤモンドメディアさんの会社の数値のP／L、B／Sとか、みんなでシェアする機会というのは、何回かあるんですか？

武井　毎月やってますね。納会っていうのをやっていて、毎月第2水曜日。そこでそれぞれの部署ごとの報告と、会社全体のお金の状況と、事業部ごとの情報をシェアしています。

持ち回り制で、最近それも変わって、納会実行委員みたいなのが運営しています。

部署ごとに15分くらい、今の状況とこういうことをやっていて、課題がこうで、その課題をみんなで考えましょうって、質疑応答したりとか、そういうことを今やっています。

その納会は、けっこう社外の人も来ますね。一時期オープン納会っていって、イベントにして参加費2000円とか取って一般の人に来てもらってたんですよ。みんなで盛り上がって、一緒にダイヤモンドメディアの経営に関わってもらおうとした。

でも、盛り上がりすぎちゃって、本来のメンバーが30人くらいなのに、外から40人とか来ちゃって、メンバーがマイノリティになってしまった。40人のために、そもそもダイヤモンドメディアはですね、みたいな、会社説明会みたいになってしまった。

そもそも会社をよくしようとして、みんなで会社のこと考えようって言っているのに、説明ばかりしてて、課題について話し合えてない。本末転倒ですね。

それ自体はすごいよかったと思ってます。小森谷さんも最初来てくださいました。そういう方々は、経営のプロだったり、ほかの上場企業の社長だったり。そういう人がうちの会社の課題を一緒に考えてくれて、ちょっと手伝ってくれてみたいなことで、よかったんですけどね。

もうちょっと、濃いメンバーで濃い話をしたいねというのが、主の目的になったので、オープン納会はやめました。いずれ、社外も含めてというのは、機会があったらやりたいなというのはあります。

塾生4　毎月第2水曜日。お時間はどのくらい。

武井　夜6時から8時まで2時間くらい。普通にお酒飲んで、ご飯食べて。イベントですよね。「すごい納会」っていう名前です。

塾生4　いいですね、納会。

武井　これもやったり、やめたり、いろいろ経てます。続いているっていうのは価値があるのかなと思ってますけど。

業務委託料について

塾生4　給料設計の話で、冒頭の話にあった、アウトソースとの間にあった関係者と呼ばれる方々というのも、似たような基準を念頭に置きながら、決めていくというようなことをされているんですか？

武井　どうです、山田さん。まさに関係者。

山田　去年の秋くらいから、8カ月～9カ月一緒に仕事をさせてもらっています。僕がもらう報酬額も、そのテーブルに載せられて、審議されます。ただ、ちょっと違うのは、働く関わり方って、すごく濃淡が出てくるので、半年に1回とかの会議よりも、そのときに必要な業務に応じて、おのおの個別に向き合ってくれている人が話しをしてくれます。その後は、半年に1回の給与会議の一部に入れられて、意見はもらうって感じで任されています。

武井　業務委託の人がほかの業務委託の人の業務委託フィーを考えたりします。それもオープンなんで。業務委託ってことは、社会保険とか間接コストがない分、金額としては高いですけど、それは年収ではなくて年商なわけで、そういうのも加味して、扱われてます。

もちろん業務委託ってことは、その業務とか作業がなくなったら、お疲れさまでしたで終わる可能性が高いわけで、そういうのがあるから、多少金額としては高くなります。

フリーランスでやっているってことは、基本それだけ能力があるってことでもあるわけです。

Tenge's Eye 7

ティール組織における給料の決め方の天外試案

①自分の給料は自分で決める。
②給料一覧を額に応じてソートして公開。
③それぞれの給料に関して、高いと思うか、低いと思うか、5段階評価で匿名の投票ができる仕組みを作る。
④その人の給料額に色を付ける。デフォルトが緑。高いと思う人が多いほど黄↓

オレンジ→赤、低いと思う人が多いほど黄緑→空色→濃紺。

⑤人件費率が健全なら緑、過大なら赤、過小なら青、④と同様に段階的に色が付くようにする。

⑥給料を書き直せるのは、本人のみ。書き直すと評価は消え、ソートし直す。

⑦一定期間を経て、人件費率がリーズナブルなら、そこで決定する。

（注）2019年、ダイヤモンドメディアでは、それまでの話し合いで給料を決定する方法をやめ、自己申告に切り替えた。ただし、天外試案の匿名で投票する方式はとらず、誰でも記名式でコメントを出せる方式にした。結果的にうまくいかず、また話し合いによる方法に戻した。

なぜうまくいかなかったか。ひとつの理由は、よく相手の業務内容を知らないまま、「高い」とコメントする人もおり、言われた人が傷ついて反論し、泥沼になることもあったこと。また、話し合いは給料決めの直接的な討議だけでなく、お互いの業務内容や、会社の方向性などについてより深い理解を得るために重要な役割を担っていたことがわかったことなど。

おそらく、アドバイスプロセスを導入するなど、さらなる工夫が必要と思われる。読者諸氏の積極的なチャレンジを期待する！

14章

意識やパラダイムより、組織の構造・環境を変える

【解説】

ブレイクの後、嘉村賢州のファシリテートで、グループセッションに入りました。給料の問題を話し合ったにもかかわらず、その後のディスカッションは、次第に組織の在り方に移行しました。

組織の理想は、誰も不満を持たない状態か、という問題提起に対して、不満がないのはむしろ危険で、静的な理想状態を追わずに生き生きしたカオス状態が正常というとらえ方が示されました。

「ティール組織」を実現するうえで、パラダイムシフトが必要かという問いかけに対して、「ティール組織」を目標にして、それを追い求めるのではなく、ただひたすら自然な状態を作ろうとしている、と武井は答えました。他社から相談を受けたときも、意識の変容や

パラダイムシフトは横に置いて、実際に組織の構造や環境を変えることをコンサルしているということです。

セミナーの実録

嘉村　改めまして嘉村賢州です。よろしくお願いします。

『ティール組織』の解説を担当しています。この本を出す前は、組織変革のファシリテーターとして10年くらい、組織に入ってビジョン作りとか、風土改革とか、新商品開発のワークショップとか、基本的に進行役をすることが仕事だったので、この役割を振っていただいていると思います。このセッションがいい時間になればいいかなと思っていますので、よろしくお願いします。

まずは小グループでふくらませて、あとは全体でも対話していきたいと思います。

やりたいのは、各テーブルごとに、ひとり7分くらいずつ語っていただきます。

何について語っていただくかというと、ひとつは、武井さんの話を聞いて、いろいろ心に湧き上がっていることについて。自分のなかの気づきもあれば、質問もあると思います。

もうひとつは、みなさんご自身がいる組織の給与とか評価の制度について、工夫していることとか困っていることということを語っていただきたいと思います。

たぶんお金にまつわることなので、ちょっと言いたくないってこともあるかもしれません。別に言わなくてもかまいませんが、だからこそちょっとしゃべってみると、いろんな発見がありそうな気がします。チャレンジできる人はチャレンジしてみてください。

ティール的な給与の考え方

嘉村　まずは私のほうから、簡単に話させてもらいます。私は今東京工業大学のリーダーシップの教育を行っています。同時に京都のほうで、10名くらいの組織を10年くらい経営しています。場づくりの専門集団として、組織変革とかまちづくりとかイノベーションの場をファシリテーションする集団です。

給料は、今まさに試行錯誤中です。もともとティールと出会う前から、ティール的にしたかったというのがあります。せっかく同じ時間を過ごしている仲間なので、上下関係とかではなくてやりたいなと思っています。常に仲良く、一人ひとりが自由に働いてほしいなっていうのがあって、出社時間とか終業時間とかも最初から作るつもりはなかったです し、年間の有休休暇取得数も作るつもりもなかった。1年間休もうが、3カ月休もうが、好きなようにすればいい。何かプロジェクトをやるときに、承認が必要ということもなく、ずっとやってきた感じです。けっこうティールに近い感じだとは思います。

ただ給与に関していうと、責任も重いし、もめそうだし、比較も生まれそうだなってことで、なかなか難しい。

はじめのうちは、事業があまりなかったのもあって、あいまいにしていました。行政の委託で、あらかじめ決まっているひとり当たりの予算で、委託が終わってもそのままその金額のような感じでやっていました。

ティールを勉強しはじめてから、ちょっとずつ決めていきました。当時僕個人は海外の大学院に行きたいという思いがあったんです。そうするとお金もかなり必要になります。そのときに、方法が2つしかないと思ったんです。

自分たちの組織はNPOなので、収益がものすごく高いわけではありません。そこでひとつは、このNPOを経営しながら、副業でちゃんとビジネスをして稼ぐという方法。もうひとつは、メンバー全員の給与が年に1000万もらえるようにちゃんとビジネスモデルを育ててあげるか。このどちらかをしないと、5年以内に海外の大学院に行く道はないなと考えたのです。

だけど、今せっかく力を注いでいるNPOと別に仕事をしはじめるというのは、NPOのほうの成長を拒むことになってしまいます。できれば自分のNPOに集中して情熱を注ぎつつも、がんばれば報われて海外の大学院に行けるようになりたい。

経営者の自分だけが味わえるのではなくて、うちのメンバーも、志高く学びたいということがあったら、ちゃんと稼げて、海外の大学院に行けるようにしないと、同じ人生の時間を過ごしているメンバー同士としてはよくないなと思ったんです。稼げるときは稼げる、休めるときは休めるというのを、メンバー全員が享受できるような組織にしたいなと思うと、これはますます難しいぞと。

今『ティール組織』でいう、アドバイスプロセスというのを試しています。1年間どんなことをがんばってきたかというのと、今後こういうことをがんばりたくて、これくらいの給与をもらいたいと考えているというのに対し、2人くらいの、給与査定委員会が客観的にアドバイスしてあげる。でも最終的には自己決定していいというのをやってみようと、今面談を始めるところです。

委員会で話していると、それぞれが考えていることを全体で共有しないと、もったいないなと思ったので、次回は全員で話し合うように持っていったほうがいいなと感じてます。海外では、雇用主と雇用される側との関係が、ティール的なものを阻んでいます。全員が時間とお金と才能を出資しているという、同じ立場で組織を作ったほうがいいという考え方なんです。

ひとつおもしろい考え方が、たとえば月に給与を30万もらっているときに、10万円は組織に残しておくという決断ができるんです。残しておくと、組織のなかで使えるお金が多くなるのでいろんなところに投資できたり、チャレンジできるということになる。これが、全員が時間とお金と才能を出資するという考え方にすごくマッチしていると思うんです。

今って給与が高ければ高いほうがいいっていう、奪い合いになりがちなんだけど、あえて残すことによって、組織がより成長すれば、将来の自分へのリターンが増えるかもしれないわけです。

この考え方って素敵だなあって思ってそういう仕組みとかも入れていこうかなと考えています。

こんな感じで、みなさんも今、どんな工夫をしているのか、またどんなことに困っているのかというのを語っていただければありがたいなと思います。

話していただく7分はその人の時間ということで、質問などをぶつけていただければと思います。もし自分の事例がなかったら、自分の給与に対する考え方とか、世のなかにほかにこんな制度をやっているような人もいるというような事例を提供していただいてもかまいません。

ではさっそく話していきましょう。よろしくお願いします。

（グループワーク）

グリーンの組織に抱いた違和感

嘉村　これからの時間は、全体で分かちあいながら議論を深めていければと思います。どんなことを話したとか、こんな気づきがあったとか、逆に話していくうちに、武井さんに質問が生まれたとかでもいいので、好きなように交わしていきたいと思います。

塾生　グループワークの中で、嘉村さんが「突破口」という言葉を使っていらっしゃったのですが、何を突破するのか。どういう状況なのかなと思いながら話してました。

嘉村　僕のイメージでは、給与制度を今試行錯誤している場合の「突破口」。今も社員の人が幸せに働いていて、かつ循環として利益も回っていっているんだったら、何も突破する必要がない。

何かストレスを抱えていたりとか、矛盾があったりとか、このままではちょっとこの先見込みがないとすると、何か制度を変えるなり、やり方を変えるなりということをしていく必要があります。そういう方にとっては、どこをいじれば変わるんだろうというのを見つけるうえで、「突破口」という言葉を使わせていただきました。

塾生　全員が、不満がない状態が理想、ゴールっていう定義でいいんですかね。

嘉村　それはおもしろい問いだと思いますね。みなさんが何を目指して組織を作られているかということですよね。利益の方もおられるかもしれないし、そういうのを通じて社員を幸せにしたいということかもしれませんし。なんでしょうね。それは人それぞれ違うと思います。

天外　不満がない状態ってまずいんじゃないの？

武井　逆にやばいですよね。思考停止。

嘉村　『ティール組織』の著者のF・ラルーさんは、いろんな組織を見ていて、グリーンは幸せそうにしているとか、自分の会社を誇りに思っているということが多いけど、少しだけ違和感を抱いたらしいんです。そういうところは、一人ひとりの自由度が低い感じがして、一人ひとりの可能性が本当に発揮できていないような気がすると。本当の自然って、いいこともよくないことも混在しているじゃないですか。

組織の状況も、よくなったりとか、悪くなったりしつつも、みんなで探求しているほうが自然じゃないか、ということで、がちがちの幸せグリーンを取り上げなかったという裏話をしていました。そういうことで、不満は多少出て当然という気もします。

天外　不満が出ている状態が、なんか正常な感じがするけどね。生きている証拠みたいな……。不満がなくなっちゃったっていうのは、どこかおかしい。死んでいる……。

武井　人間の感覚というか、センサーが機能してないですよね。うちの会社、文句言う人めちゃくちゃ多いですからね。相当むかつきますもんね。これも僕の不満なわけで。

でもそれを、対話にする。相手を批判するんじゃなくて、同じテーブルに出して、もんでいるうちに、こうしたらこれが解消するんじゃない？　みたいな、新しいものが出てくるんですよね。それの繰り返しみたいな感覚はありますね。たまに、それで本当にけんかしますけど。

Tenge's Eye 8

天外塾のモットー「混沌のなかで、混沌をものともせずにしっかり座る」

天外塾では瞑想ワークを多用します。瞑想を習慣化していくと、何事にも動じない静かな精神的境地にあこがれる傾向があります。ところが、そのあこがれは、ときに「現状否定」、「自己否定」につながってしまいます。私たちは、しょせん「悟り」などには程遠く、死ぬまで煩悩にまみれて、ぐじゃぐじゃで、喜怒哀楽とともに、すったもんだと生きていくのだ、と割り切ったほうが人生楽になります。つまり、混沌状態（カオス）を否定しないで受容する、ということです。

給与をオープンにすると

塾生　聞いていて気づいたんですけど、お金の話とかすごくしにくかったり、給与を下げるのが難しかったりします。でも全員を満足させるという前提が突破口になっているみたいな感じがして。何かを言われることを恐れないというか、たとえ辞めてしまっても仕方ないって思えることが、突破口なのかなと思いました。

塾生　こちらのテーブルでは、パラダイムシフトができたら突破口になるんじゃないかって話が出たんですね。

逆に教えていただきたいのが、どうやったら各社員の方々の、パラダイムを変えられるのか。逆に武井さんのところで、社員に対してパラダイムを変えるトレーニングや、研修をやっているんですか？

武井　僕と山田さんはそういうコンサルティングをやっています。ただ意識を変える、パラダイムを変えるんじゃなくて、組織の構造、環境を変えているんですね。環境を変えると意識がかなり変わります。もしくは、変われない人は自然と抜けていきます。ひとつのやり方として、そういうアプローチはしています。

塾生　環境を変えるというのは、具体的にどのような？

武井　具体的には、給与のオープンです。

塾生　給与オープン以外に環境を変えるのは。

武井　これは僕と山田さんで、ロジカルに再現性ある形に落としています。それが情報の透明性と力の流動性と、分け隔てているもの、個人の感情の開放性。この3つ、順序はこの通りです。

会社のなかで、給与制度をよくしようとか、そういうものをいじったとしても、情報が不透明な状態だと、またもとに戻っちゃうんですよね。権力をなくそうっていっても、別のところに権力が生まれちゃう。そんな感じになるので、とにかく情報の透明性を高めていくということを、徹底的に最初はやります。でもだいたいの会社はそこで、挫折してしまうことが多い。

天外　いままで何社くらいコンサルタントやった？

武井　今、動いているのは3社です。グループコンサルを入れると8社くらい。あとボランタリーで手伝っている団体がいくつかあります。

天外　そのなかで、情報の透明性ができたのが何社くらい？

武井　僕が関わったなかでは1社だけですね。そこはいきなり給与を全部オープンにして、みんなで決めようってなって、社員が半分辞めたことがあります。すぐに辞めた。でも、まず間違いなく辞めます。

でも、それは贅肉なんです。辞めた人自身が悪いとか価値がないとかいう話じゃなくて、会社が今行っている、世のなかに対して価値提供していることに対しての贅肉です。グリーン組織だとそれが残っちゃう。

塾生　パラダイムシフトっていうのかもしれませんし、新しい組織を作っていくために、贅肉を落とすという理解でいいんですか？

武井　新しい組織を作るためにとか、あんまり考えてないんですよ。そもそも僕ら、ティールを目指そうとか、ホラクラシーとか何も考えていません。ただただ自然の摂理にのっとって生きていくという。それを追求しているだけです。目的がない。自然の摂理以外に何があるのか、僕は逆に知りたいんですよね。

塾生　さっき理念は明文化してないとおっしゃっていましたが、何か理念のようなものが軸となって全部つながっているわけでしょ？　理念は自然の摂理ですか？

武井　この世界、自然の摂理以外にないじゃないですか。

塾生　自然の摂理にのっとってやるんだよっていうことは共有化されています？　みんなの意識のなかに共有化するために、何かやっていることってあるんですか？

武井　何も努力はしてないですね。僕がそれをやるために、こういうふうにやるとか、行動規範はこれだと、やった時点で、それは自然の摂理じゃないので、やらない。ただ、自然の摂理からはみ出ると、自己修復したり、あまりにも合わないものだとしたら、自然と吐き出すみたいなことが、会社のなかで、人間の体みたいに起こっているという感覚です。まあ、現実はいろいろありますけど。

15章

情報公開のセオリーと実務

【解説】

給与公開の重要性が繰り返し語られましたが、塾生たちの精神的な抵抗感はことのほか大きいようです。給与を公開すると、会社を辞めていく社員が多いのではないか、という心配です。ティール組織は、「分離」の激しい「ティア1」のレベルの人には居心地が良くないでしょう。

いままでのヒエラルキー型の組織では、情報を上の層が自然に吸い上げて統合していく仕組みがありました。けれど、ティールだと各自が相当に自己アピールしないと必要な情報が全員には伝わらないのではないか、という塾生の質問に対して、武井から情報に関する詳しい分析とＩＴツールを使って、それを全員が共有化する仕組みの設計に関して語られました。

情報を、ロジック（論理）とエモーション（感情）と、テンション（緊張関係）という3つの要素に分けます。次に定量情報と定性情報に分け、定量情報はさらに結果とプロセスとレイバーに、定性情報はフロー（含コンテクスト）とストック（書かれた情報）に分けます。フロー情報は膨大になるので、見るのは大変ですが、公開されている、という状態が重要だ、とのことです。

この部分は本書の中では最も具体的なノウハウの提示になっていると同時に、ここまで情報に関して深く突っ込んだ議論は世の中になかなかないでしょう。プロフェッサー武井……という感じです。

セミナーの実録

塾生　このやり方に合う人はずっと残るし、合わない人は辞めていっちゃうんじゃないかなという気がします。たとえば自分の給料を人に知られたくない人は辞めていく。人の給料を知りたいということよりも、知られたくないって人もいると思うんですよね。

だから自然の摂理で淘汰されていく。結局残った人が、そういうふうなやり方が好きな人の割合が濃くなっていくと、会社、あるいは組織がみんなハッピーになったってことなんじゃないかと……。

合わない人は出ていって、いままでみたいなヒエラルキーのところで安心して、毎月

20万円もらえれば、会社の利益が上がろうが、下がろうが、それでいいよってことになる。それが安心だし、人の給与は知りたくないよっていう人も、世のなかにはいると思うんですよ。業績が上がったら給与をたくさんもらって、あるいは下がったら少なくなってもいいという、経営者マインドというか、経営者の立場が理解できる人たちが残っていくと、いいんじゃないかなって思うんですけどね。

天外　「分離」の激しい人は、なかなか残れないんじゃないかな。どうですか？

武井　「分離」というのは、何と何？

天外　「分離」というのは、たとえば自分の給与がオープンになるのが嫌だという人は、なんでかっていうと、自己否定が強いわけだよね。自己否定というのは、自分のどこかを分離して否定しているわけ。

いわゆるスパイラルダイナミクスのティア1にとどまっているということ。今の武井さんの組織だと、「分離」の激しい人はなかなか残れないように見えます。

理念で混乱する現場

塾生　新しいプロジェクトがどんどんできているとおっしゃったじゃないですか。それは社内のプロジェクトなのか、それとも副業として社員同士が起こして、社外のプロジェクトになっちゃったというようなものとの間には、何か線引きがありますか。人が辞める、という話に関連して、過去に社員同士が新規プロジェクトを立ち上げて出ていったというような話はありましたか？

武井　線引きという言葉が、あんまりニュアンスとして合わない感じがします。濃淡、グラデーションなんで、線引きがないんですよね。線引きって二項対立とか、まさに分離の話なんです。実際、線引きがないものが多い。

たとえば、僕と山田さんで、自然経営研究会っていう社団法人を作ったんですね。それはダイヤモンドメディアと別の法人ですけど、でも関わってもいるし、重なり合ってもいる。

嘉村　よく、中小企業の方の相談にのっていると、こういうのがやりたいっていう現場からアイデアが出てくると、それは理念に合っているのか、みたいな話のなかで、違うと言われてしまう。社長が出すと、どんなアイデアでも理念に合うことになっちゃうんですよね。それを繰り返しているから、だんだん考えない社員になっていくんじゃないかという気がします。

じつは自分自身も、組織を立ち上げたときに、ひとりでにプロジェクトが立ち上がっていて、いままでのうちの団体と違う毛色のものだから、どうかなあって思っていたときがありました。でも意外にそれが盛り上がってくると、つながってきたりしました。違うかもと思ったところで止めなくてよかったなってことがけっこうあるんです。

メンバーから上がってくるものは否定するのに、社長は好き勝手やるというのが、メンバーからすると、何が理念で何が理念じゃないか、どんどん混乱していくという感じがしますね。

情報公開のために定量情報と定性情報に分ける

塾生7　どうしても核心のところが見えてこないんです。業種業態によって、相当はめ込み方が違うのかなって思います。たとえばP／Lで給料を決めない、というようなお話がありましたが、弊社は、各個人がプロデューサーみたいな感じで、毎日それぞれの売上が明確にわかるような会社です。

そういう場合、自分を評価してほしいという部分が出てくると思うんです。もちろん、そういう方もいました。自分は前年度これだけ売上をあげたんだから、このくらいの給与をもらいたいと役員交渉に入ったケースがありました。

実際給与の公開が基本の手法だとした場合、給与の公開をするときに、各自が売上以外にこういうことをやったんだよとか、こういう関係のことを手伝ったんだよっていうのを、アピールしないとできないような気がします。

実際の給与をお互いに決める場の具体的なものはなんなのでしょう。

情報公開というのはわかるんです。基本的に上司は各個人を見て、その情報を部長にあげて、役員にあがって、社長にあがって、最終的に役員なり社長に全部情報が集まるような仕組みが今できているわけですよね。それを壊して、なくして、お互いに情報を管理しろというのが、可能なのかなって。

武井　ＩＴを使わないと、こういう組織自体絶対作れないんですよ。ＩＴを使えば情報というものを構造的に設計できるんですね。

関係性というものは何でできているかというと、情報でつながっているんですね。情報というのは、ロジック（論理）とエモーション（感情）と、テンション（緊張関係）という3つの要素でできています。これがいかに円滑に、全体が心地よい状態を維持するかという設計をするんです。

情報をまず定量情報と定性に分けて、情報の流れというのをデザインする。

業績・結果＝リザルト、プロセス、レイバーって僕は呼ぶんですけど。結果を生むまでに、どういうプロセスを踏んだかというのを、可能な限り、可視化させるんです。

定量情報というものは、情報を階層化できるんですね。

情報を階層化すると、一番集約される情報って、業績ですよね。一番最後に出てくる売上、利益という会計情報。

次に業績の数字が生まれるまでに、プロセスの情報があるんですね。これはプロセスマネジメントと呼ばれています。いろんな職種がありますけど、営業とかマーケティングだとけっこうわかりやすくて、セールスフォースだったり、マーケティングオートメーションと呼ばれるシステムというのは、プロセスマネジメントといいます。

営業の管理は簡単です。潜在顧客が1000社いて、見込み客が100社、そこに対してアポイント10件、受注が1件。それを、量と質、ファネルとパイプラインって呼ぶんです。潜在顧客、見込み客、アポイント、受注。この1000とか100とか10とかの母数のことをファネルと呼びます。ここの歩留まりと呼ばれる率、この例では全部10パーセントです。この潜在顧客の母数を2000にしたら受注が2になる。歩留まりを20パーセントにすると、4倍になって4になるみたいなことです。

量と質、どっちをマネージしたら結果である数字がどうなるかっていうのがプロセスマネジメントです。

これって、どこまで定量化して数字を取れるかというのは、やっている内容によって全然違うんですけど。規模が大きくなればなるほど、ここをしっかりやると、ちょっといじるだけで成果が出るので、必要になってくるんですね。

そうすると個人に依存しなくなって、ノウハウがたまっていく。そういうふうにプロセスを定量化できるんです。

業績・結果、プロセスの下にレイバー時間があります。どの作業にどれくらい時間を割いたかみたいなことです。製造業とかいう定量的な仕事だと、時間というのもひとつの要素として入ってきます。

こうやって、社内で起こっている定量的な情報をデータベース化して、それを見やすいようにビジュアライズ化させる。ビジネスインテリジェンスとかダッシュボードツールといわれるものに、グラフ化して可視化して、直感的にわかるように出すんです。これを出すと、経営者が元来扱っている情報のすべてがオープンになる。

プロセスのところの情報は、営業管理とかでけっこうフォーマットだったりするので、みなさんシステム使ってやってたりします。やっぱり中小企業とか、ベンチャーでもそうですけど、会計システムって、かなり穴が多いんですよね。お金の情報の管理は、そもそも経営者しか持たないものだから、仕組み化されていないケースが多いんです。

僕と山田さんは、管理会計のコンサルティングもやってます。情報を透明化しましょう。まず会計を整えるために、まず会社の家計簿をつけましょうという話になる。資産の棚卸しみたいなことをやるんです。

管理会計を組んで、月次決算をできるようにして、それをクラウド会計を使って全部データ化する。そのデータを全部集約させてって定量の情報を全部作るんです。

定性情報をどう公開するか

武井　今度は定性の話になります。定性を大きく2つに分けます。フローの情報とストックの情報。定性情報は文章のことです。

ストックはいわゆるマニュアルです。こういうときはこういうふうにしたらいいだとか、それはナレッジとしてたまっていたほうがいい。知識としてためておくツールというのは

ＩＴ系で、いくらでもあるので、そういうものをためておきます。

もうひとつの、フローの情報というのがけっこう重要です。ここのフローって、コミュニケーションのなかで生まれるもので、時間軸のある情報です。このフローがなぜ重要かというと、このなかにコンテクストが含まれるからです。コンテクストって雰囲気、文脈、背景です。うちの会社は会議の議事録を全部公開しているっていう大企業の方がいますが、あれは、コンテクストがないので意味がないです。なぜこれをやろうっていう決議に至ったかという途中経過が重要なんです。それを可視化させるためには、社内のチャットツールを使うしかないんですよ。

僕らもいろんなのを使ってきて、これしかないなっていうのがSlackですね。それは規模とか、必要性に応じて、使うツールは変わってくると思います。

社内のコミュニケーションをSlackに移行させていくだけで、コンテクスト、温度感みたいなものの共有が全社で一気にできるようになります。これをやるだけで、稟議とかがかなり不必要になります。

塾生　当社もSlackを今年から導入して、いろんなグループができているんですよね。情報の共有となると、そのグループ全員が見ないと、情報って共有できないわけですよね。その時間っていうのは、どうなんでしょう。

武井　見たければ見ればいいし。

塾生　公開していますよという前提が重要なんですか？

武井　それが重要なんです。すべての情報を全員が見なきゃいけないって、逆に非効率です。重要なのは、情報を隠してないことによって、不正が起きてないとか、誰か一個人が懐を肥やしてないとか公になることです。

何かものごとが決まったときに、恣意的な要素が入ってないということの証明になるということもあります。それだけでかなり健全性が増すと思うんですよね。

権力を手離すということ

塾生　武井さんのコンサルティングを受けると、そのあたりを指導されるんですか？

武井　そうですね。僕らはアーキテクチャーの設計とその導入をやります。

塾生　フレームワークとかすごくわかって、いいなと思います。さっきの給与決定で何を可視化しているのかは、ひとつは情報公開率が薄いことだと思うんですけど、もうひとつは各自の自意識なんですよね。うちの会社、俺はいっぱい仕事しているんだっていう人間がけっこう多いんです。あいつより絶対しているんだ、みたいな。そういう自意識のなかで、どこまでちゃんとオープンにできて、各社員が、俺はあいつよりはしてないんだというのを、ちゃんと認識できないと辞めていくと思うんですよね。

3割くらいの人間で売上の半分以上をあげている現状で、3割の自意識の強い人間が辞めていったら、売上が半分に落ちるわけです。

半分が辞めなくても3割が辞めたら売上が落ちるような仕組みになっているなかで、ティール的なものをどう導入していったらいいのかなというのを、すごく感じますね。半分辞めて、売上が2割とか3割に下がったときに、耐えられるだけの体力がないと、絶対に導入できない。うちは30人か40人くらいの会社なので、10人になってもなんとか継続できると思うんですけど、いままでの仕事量は受けられなくなりますよね。

一般の会社が、今からランディングするところで、どれだけ燃料をもってしなければいけないのか。そこの感覚がまだ見えない。

山田　たとえば今関西でお手伝いを始めた従業員が100人くらいの会社があります。とりあえず思っていることがちゃんと全体で出るようにしようってことから、まずは始めました。

まず、現場の人たちだけに集まってもらって、ワークショップをやってみる。なんで現場の人だけにするかというと、会社の上層部の方々が集まると、結果そっちを見てしまって、ものが言えなくなるんです。

最初から給与公開だってやるのが是ではなくて、どういう順番で、どこまでの準備ができているかというのが重要です。僕らの関わり方も非常に難しいです。このタイミングで給料を公開しましょうと、僕らが言った瞬間に、僕らが答えを持っていて、教えることになっちゃうので、それは全然意味がないんです。

意思決定をみんなでするためには、必要な情報があるから公開しなきゃってところになってはじめて、自分たちの判断になる。決して、僕らに答えがあるわけではなく、どうすればそっちに動きやすいか、背中を押してあげるような感じです。

塾生　トップの覚悟の問題ですよね。だって時間軸が入ってくるんだから、すぐにはできないわけじゃないですか。全員1回落として、沈んで高く跳ぶ。その低く沈むところができるかどうかの覚悟。

山田　おっしゃるとおりで、既存の状態からティールの形に変えようとすると、今の状態で権力を持っている人がその権力を手放さない限り絶対うまくいかないです。これは間違いないです。

塾生　それもあるし、それをどこまでやりぬくかという、つぶれかけても今はいいんだと。なぜならば、将来を作るんだから。それをちゃんと理解をして、それをやるんだという覚悟なくしてやろうとすると、絶対中途半端に終わっていくような気がします。

山田　やると決めたら本当に手放すんだよねというのを、覚悟を決めていただかないと進まないし。なかには覚悟を決めてますって言って、僕らが関わりはじめたけど、結果的に権力を手放せない方もいる。

社長の給与も公開するのか

塾生　仕組みを理解していないからそうなるんですか？

山田　僕の観点からすると、この形が絶対正義ということはあり得ないんですよ。それを選ばなかったその会社、その事業が悪かったわけではなくて、その経営者にとって最適な形に結果的に落ち着いたわけです。僕らが思っているのとちょっと違いましたけど。

それは事業モデルとか、やられたいことによって全然違うので。結果的に僕らがやったプロセスは意味があったと思います。

天外　絶対手放さない人が、なんでティールに行こうとするの？

山田　その方はすごい明確で、経営することがあまりしたくなかったので、経営っていうものを、自分から手放すのはどうしたらいいんだろうっていって、みんなで経営するほうに持っていこうとしたかったんです。

武井　あと、手法だと思っていたんだと思うんですよね。なんか、ＰＤＣＡとか、そういうようなものと同じようにとらえていたんですよね。

嘉村　ティールは、完全公開の情報システムだとか、給与制度とか評価制度というものではなくて、世界観なんです。そもそも組織が全体性という安心安全で話す関係性ができていて、かつ、人がこの仕事をこなしたらお金がもらえるんですよねという機能で雇われているのではなくて、このために集まっているんだよねということが分かち合えてはじめて機能する。

存在目的に関しては、武井さんのところのように、理念を持たないところとはまた違うんです。全体の世界観があっての給与制度なので、給与制度だけをやってもまったく意味がない。

塾生　社長の給与も公開するというのは、無茶だと思うんですよ。というのは、社長というのは何億円も銀行保証をしたり、いろいろしがらみがあるわけですよね。社員はそういうものを知らないですよ。会社がつぶれたら、社長は一文無しになって破産しなきゃいけないわけです。それだけのリスクに対して、社員が意識を持っているかどうか。

塾生　そこが覚悟だと思うんですよ。一番下が500万で一番上が5000万とか8000万取っていたら難しいですよという話なんだけど、僕はそこが覚悟だと思うんですよ。そこをオープンにするからこそ、みんなが自立できる組織になると思うんです。

塾生　社長のリスクがこれだけあって、これだけ賭けているんだってこともちゃんと情報として出さないと、理解してもらえないってことじゃないですか？

塾生　私も一度会社がつぶれかけたときは、夜中に泣く思いで銀行を回ったことがあります。社員は給与があるわけですから、その給与を補充するために、社長というのは命を賭けて回るわけですよ。

そのへんの理解とリアリティというのが、社員にないとしたら。仮に社員の最高給与が1200万だとして、社長の給与が3000万だとしたときに、その差はどうなの？って普通社員は思うんじゃないかと思うんです。

武井　社員と社長っていう概念が僕のなかにはないので。前提が違うんですよ。

テンセグリティって、情報も権力も全部分散しているわけですよね。分散組織。仮想通貨とかと一緒でピアトゥーピア。責任も分散しているんですよ。

負債も分散するのか

塾生　負債も分散できますか？

武井　世のなかのシステム上、負債も、連帯保証人というのが必要なケースが多いので、それはせざるをえないです。うちの会社は、負債とか会社の借り入れに対しての責任感というもの自体が分散しているんですよ。

塾生　銀行側は分散して見ないですよね。

武井　僕は今、社会システムのほうがおかしいと思ってます。重要なのは必然性だと思っています。今の形でめちゃくちゃ収益があがっている会社は組織の形を変えようと思わないですよね。それが賢州さんとか山田さんが、これが正解じゃないって言っている意味です。正解があるとかないとかいう議論自体意味がないんです。

ティールって、レッド、アンバー、オレンジ、グリーン、ティールってありますが、僕らはレッドからティールに向かう方向性のことを自然経営と呼んでいるんです。

自然経営って便利だなと思っているのが、どこにいっても自然の摂理だということです。人間の歴史をたどっても、戦争が起こったのは、その頃は不可避だったわけです。相手を殺さないと自分たちが殺されちゃうから、戦わざるをえないというのは、必然なんです。

それが緊張関係のなかで、だんだん緩みはじめてきた。北朝鮮がついに韓国と握手したのもやっぱりそういう過去があったなかで、社会構造自体がだんだん成熟してきているのかなと感じます。

でもその成熟というのは、完成がない方向性だと思っています。いずれは世界から戦争がなくなるというのがあるだろうし、もしかすると貨幣というものがいらなくなるかもしれない。

その方向性のなかで、北朝鮮がいい国だ悪い国だっていう議論も意味がないと思います。そうせざるをえなかったという状況がいろいろあると思う。でも北朝鮮みたいな独裁国家はいずれ解体されて、新しい国家になっていくというのは、方向性としては間違いないと思います。

僕は、この成熟の方向性がどこまで行けるのか試したいというような個人的な関心があるんです。ダイヤモンドメディアで取り組んでいることって、ティールの本で書かれていることよりも、もう少し深いことをやっています。株の権力をどう扱うのかとか、もっと試してみたいんですよね。

社会が進化してティールの時代へ

天外　次回、そのへんの話をやりますか？　経営管理組合の話とか。

武井　そうですね。情報の透明性の次は権力。

天外　そのへんをやらないと、終われない。給与の問題はこのへんでいいですか？　今、ビジネスの責任者の方で、5年以内に給与を公開してもいいかなと思う方、どれくらいいる？　けっこういるね。じゃあ、応援の拍手を。焦る必要はないし、給与だけがすべてじゃないけど、給与の公開というのは、ひとつのシンボルになると思うんですね。

僕自身は責任のない立場だから勝手に言えるけど、給与を公開しても、人が辞めることも含めて、あんまり悪い影響が出ないような気がする。さっき言ったように、贅肉が落ちるだけ。給与を公開するのは嫌だという人は、次のフェーズではたぶんいらない人だと思う。

これはひとつの進化の方向であって、いい悪いとはまた別に、世のなか全体がそう進んでいくと思うんですよ。進んでいるなかで、進化とともに生きているか、進化から遅れていくか、という選択なんだよね。

進化の先端は大変だけど、先端付近にいるほうが、たぶん人生おもしろいと思う。

嘉村　ラルーさんがわかりやすい例を言っています。馬車の時代から、車が出始めてたときって、新しい物が3つくらい生まれてきたと。車が生まれた瞬間は砂利道だし、ガソリンスタンドもないし、部品もとても高いし壊れやすいし、良いことないはずなんですよ。だけどそれが普及することによって、高速道路が生まれて、郊外が生まれて、ガソリンスタンドが生まれて、車も進化して社会もそれに合わせて進化して今はかなり使いやすくなっています。
　それと同じように、ティールを考えたとき、それによって世のなかどう変わるかというと、高速道路が生まれたり、郊外って概念が生まれたり、社会システムが変わっていくというような変化が生じるんです。
　組織に関しても、車がなかった時代に車が現れたように、新しい組織がちょこちょこと現れ始めると、当然その先では、採用も教育も変わるかもしれないし、ビジネスも株式も変わるかもしれない。そういう流れになったときに、また組織形態も変わるというところを考えるのは、ユニークでおもしろいことだなというふうに思います。
天外　おもしろい以上のものはないかもしれない。これはおもしろがる人がやればいいわけでね。金儲けようと思ったら、オレンジかグリーンのほうが儲かるかもしれない。
　これをおもしろいと思って、ワクワクしてる人がやればいいと思う。今手を挙げた人はワクワクしてくれてるんだね。そういう人たちが、どんどん新しい社会を開拓してくれるといいかなという。絶対そのほうが、生きてておもしろい。
武井　あと、自己責任でお願いします。
塾生　自分が贅肉だったり（笑）。
武井　それ、やばい。
天外　やばい話が出たところで、今日はこれで終わりましょう。武井さん、嘉村さん、ありがとうございました（大拍手）。

16章 個人の意識の成長・発達とティール組織

【解説】

また、時が流れ２０１８年9月21日、同じメンバーが国際文化会館に集まり、第3講がスタートしました。

10月2日に、西精工の西泰宏社長と天外との共著『人間性尊重型大家族主義経営』(内外出版社)の出版が決まっており、この日はその見本版が届きました。

この本で天外は、人間の意識の成長・進化と企業経営の進化の問題を書きました。やみくもにティール組織を作れるわけではなく、やはり意識があるレベルに達した人がリーダーシップをとる必要があります。F・ラルーの『ティール組織』にもそのことは書いてありますが、あまり多くのページは割いていません。

この日は天外によるその説明から入りました。いろいろな人が、意識の発達モデルを提案していますが、そのすべての提案に共通に、あるひとつの大きなステップが示されています。そのステップを超えることが「グリーンからティールへ」組織が進化することに対応していますが、「実存的変容」、「ティア1からティア2へ」、「分離から統合へ」などと表現されています。

武井浩三、嘉村賢州の両名は、明らかにこのステップを超えていますが、そうするとやたらに「運」がよくなったように見えます。天外はそれを「宇宙の流れに乗る」と表現しています。じつはインディアンの長老からそういう生き方を学んだことを『日本列島祈りの旅1』（ナチュラルスピリット）に書きました。この本はジャンル別「オカルト」の分野でアマゾンの売り上げランキングのトップを続けました。経営の場でこれを語ると顰蹙を買うでしょう。

このあたりまでは、天外の独演会になりましたが、このテーマでの議論の発展はありませんでした。

セミナーの実録

天外　今日で最終講です。とても3回ではダイヤモンドメディアの非常識経営をカバーしきれませんが、来年もやりますのでぜひまた来てください。

さて、新刊の『人間性尊重型大家族主義経営』、今日見本が届きました。西精工の西泰宏社長との共著本で、西さんが西精工を素晴らしい会社に育て上げていった経緯を書き、私が日本の企業が「家父長型大家族主義経営」から「人間性尊重型大家族主義経営」に進化してきた歴史を書きました。「家父長型……」、「人間性尊重型……」というのは、西精工を観察した結果、昔の家族主義との違いに気づいた私どもの命名です。

なぜ企業経営が進化するかというと、人々の意識レベルが進化するからです。この本では、K・ウィルバーの初期のモデルを使って意識の成長と企業経営の関係を論じています。ただ、ここで引用した範囲だけみるとウィルバーの独創ではなく、フロイト、ユング、オットー・ランクなどの古典的な深層心理学から一歩も出ていません。山田さんの得意な深層心理学そのもので、ほとんど読み解けるんですよ。

じつは、ティール組織というのも、ある意識レベルに達すると実現できるようになります。ところが、賢州さんが解説を書いておられるF・ラルーの『ティール組織』では、その個人の発達に関しての記述が非常に少ないんですよね。ちょっとこの本で引用したところを読みます。

「自分の欲求を衝動的に満たそうとする状態をうまく抑えられるような環境や仕組みを知ろうとすると、レッドからアンバーに移行する」と簡単に書かれちゃっている。こんな簡単な話じゃない。この移行には、深層心理学でいう「超自我」の発達が関与しています。「また、自分の属する集団の決まり事を拒否するようになると、アンバーからオレンジに移行する」。この移行には「依存」が関与しています。

「私たちが自分自身のエゴから、自らを切り離せるようにすると、ティールへの移行が起きる」。おそらく、F・ラルーは自らのエゴを客観的に見る（注：メタ認知）という意味でこう表現したのでしょう。エゴがなくなることはありません。

「自分のエゴを一定の距離を置いて眺めると、その恐れ、野心、願望がいかに自分の人生を突き動かしているかが見えてくる」。これはこの通りですよね。要するに、今、天外塾でお伝えしているのも、怖れのエネルギーに駆動されている人生から、真我のエネルギーに移行する、ということです。

それから、「自分を好ましく見せたい、周囲に馴染みたいといった欲求を最小化する術を得る。恐れに置き換わるものは何だろう。人生の欲求の高さを信頼する能力だ」。

他にも、いろいろ記述がありますけど、だいたい、こんなものです。でも、こんな簡単な話じゃなくて、実は、ものすごく大変な話なんです。

ここで言っている、エゴを切り離すという、グリーンからティールに移るというところに、ある一つのステップがあるんですよね。人間の意識の発達上、ちょっと大きなステップ。それを深層心理学では「実存的変容」と呼びます。K・ウィルバーの初期の著作だと、「後期自我から成熟した自我へ」。それから、『ティール組織』の元になったスパイラルダイナミクスでは、「ティア1からティア2へ」。あるいは「分離から統合へ」と表現する人もいます。言葉は違うけれど、ある一つの大きなステップを超えるということですね。

これが、天外塾でずっと13年間お伝えしてきた、ひとつの変容の実体です。僕は、どちらかというと、「実存的変容」という言葉を多く使っています。

実存的変容を起こすと運がよくなる

天外　「葛藤のエネルギー」、あるいは「モンスターのエネルギー」を使って生きてきたのが、「真我のエネルギー」が使えるようになる。その大きなステップを超えた人が何人かいないと、たぶん、ティール組織はうまく働かない。ただ、この『ティール組織』を読むと、全員そうなっていかなきゃいけないような印象を受けます。そんなことはなくて、何人かいれば、運営はうまくいくかもしれない。そのへんは、逆にいうと、実務をやっている連中から話を聞くのが一番良いと思うんですよね。

たしかに、武井さんや賢州さんは、傍から見ても、ステップを超えているんですよね。ひと言でいえば、分離から統合へ移行している、ということなんです。これは、どの本にも書いていないし、僕の本にも書けるかどうか分からないけれども、そのステップを超えると、やけに運が良くなるという現象があるんですよ。たしかに、セムラーの本でも、企業経営ではセレンディピティということが非常に大きな要素だといっています。

賢州さんの人生なんかを見ていると、とんでもないわけ。行き詰ってヨーロッパに行ったら、そこでティールに出会いましたとかね。著者に連絡したら、本が日本で出版されるというので、それにちゃっかり乗ってしまったとか。それから、東工大の教員募集に応募して……。普通だと、賢州さんのキャリアだと、教員に採用されるはずはないんだけれども。たまたま、審査員の方に『ティール組織』を読んでいた方がいたとか。めちゃくちゃ運がいい。

武井さんも、会社を潰したり、いろいろ厳しい面もあっただろうと思う。おそらくそこで実存的変容を遂げた。だから、その後は、ラッキーに恵まれたんです。

僕は、どっちかというと、インディアン系。前に書いた祈りの旅の本では、そういう幸運に恵まれるやり方を、「インディアンスタイル」と名付けて紹介しています。

エゴから出てきた目的意識みたいなものが薄れていくと……、たとえば、旅行でも、旅行の計画を自分で立てないで、ぽっとそこに行って何が起きるかを見てみると、自分が立てた計画よりも素晴らしい旅行ができるというのがある。

計画というのは、じつはエゴが立てているのですね。だから、計画を立てるのをやめて空っぽの存在として、そこに行くと、「宇宙の計画」に乗っていけるぞ、という言い方をした。「エゴが立てた計画」が「宇宙の流れ」に乗るためには邪魔になるのです。

これは、なかなか本には書けない。まったく論理的ではないし、宗教的だと感じる人もいるでしょう。経営書にこれを書くと、顰蹙を買うのは間違いない。

武井さんは自然《じねん》経営と言っているのだけれども、どっちかというと、エゴによるコントロールが弱まって、「宇宙の流れに乗っていく」というのが本当の姿かもしれない。自然に、自然に、どんどん自然にしていくと、「宇宙の流れに乗れますよ」というところが、本当に一番大きなミソではないかと思います。

Tenge's Eye 9

名経営者はどのようにして生まれるのか

このセミナーの本題からは、少しはずれますが、『人間性尊重型大家族主義経営』では、「名経営者が生まれる3つのパターン」について触れました（2刷以降）。

①死と直面する（実存的変容＝重篤な病気を克服する、あるいは倒産、離婚、リストラ、親しい人の死などで疑似的な死を体験する）

②幼少期に「無条件の受容」を体験

③明け渡し

このうち①は、死病といわれたころの結核を克服された稲盛和夫さん、塚越寛さん（伊那食品工業）、末期がんから生還された川畑保夫さん（沖縄教育出版）などがよく知られています。この本の共著者の西泰宏さんも西精工に戻ってすぐに腎臓を悪くし、ネフローゼを発症して1年間休職しておられます。このパターンでしょう。

武井浩三さんは、ダイヤモンドメディア創業前に会社を一つ倒産させました。

そのときに実存的変容に達したと推定されます。

②に関しては、第1回ホワイト企業大賞を受賞された未来工業の故・山田昭男さん（母親）、ネッツトヨタ南国の横田英毅さん（祖父）などがあげられます。

③は、神や阿弥陀如来や宇宙に自らを明け渡してエゴが希薄になるという変容です。

江戸末期に主として浄土真宗の信徒のなかから「妙好人」（南無阿弥陀仏と唱え続けているうちに悟りを開いた）といわれる人が大勢出てきました。著名な経営者では見当たりませんが、天外塾の塾生には何人か出ています。ほとんどが、熱心なキリスト教徒ですが、第４回ホワイト企業大賞特別賞「明け渡し経営賞」を受賞された深澤里奈子さん（湯河原リトリート ご縁の杜）は、宗教とは無関係に明け渡しを達成しておられます。

17章 開放性のキーは「1on1」と「人だまりスペース」

【解説】

前回までに何度も話し合われたように、武井はティール組織の3つの要素として、「情報の透明性」、「力の流動性」、「境界や感情の開放性」を挙げています。そのうち開放性に関してダイヤモンドメディアで工夫している「1on1」と「人だまりスペース」に関して語られます。

その両方に共通しているのが、「どうしたら人はマインドをオープンにして、本音が語れるか」という工夫です。「1on1」では、メンティーがメンターを指名する方式がとられ、極力上下関係がない状態で2人だけの話し合いが非公開で進みます。1対1の関係性があちこちで強化されるほど、ポリモルフィック（多形構造）的な組織は強力になります。

人は広場のなかでは隅っこを好む傾向があります。オフィスのなかの居心地の良い隅っこにさりげなく椅子を置いておくと、そこに人がたむろして雑談が始まります。その時人々はリラックスしてマインドがオープンな状態で情報を交換します。天外もマインドのオープン性に関しては同じ感覚を持っており、30年前に自販機とソファを用意して「人だまりスペース」を作った経験が語られます。

従来の管理型の経営（オレンジ）では、社員は脇目もふらずに仕事に没頭しなければいけないという強迫観念に駆られていましたが、武井や天外は逆に仕事中に自由に雑談する重要性を認識しております。このあたりの感覚の違いが、ティール組織を運営する秘訣なのですが、なかなか論理的に説明するのが難しいかもしれません。

セミナーの実録

武井　今回は、組織というもののなかにおける力学、権力というものを中心に話を展開していきたいなと思っています。僕らが、一番心がけている経営のオペレーションというのは、うちの会社のビジネスモデルに最適化しているんです。なので、給料の決め方とか、報酬制とか、経費の使い方とか、働き方とかっていうのは、僕らのやり方が正しいというわけではありません。僕らは、あくまで、提供しているビジネスモデルに最適化している、ただそれだけです。ここの部分は、ケースによってけっこう変わるんです。

それを僕らは、自然経営コンサルティングで、インフラと、オペレーションと、スキル・

マインド・ナレッジの3階層に分けています。

インフラのなかに、情報の透明性があります。ここの情報は、前回お話したように、定量的・定性的情報があります。それをまた、定量的な情報を階層化させて、定性的な情報は、フローとスポットに分けてというふうに、システム設計をしています。

それから、力の流動性。それから、境界や感情の開放性に配慮すること……。この3つを整えると、オペレーションは勝手に整っていきます。例えば、うちは、1on1というミーティングをけっこうやっています。オペレーションの部分は、先に整えようとしても、インフラが整っていないと、崩れちゃいます。

最後に、スキル・マインド・ナレッジは、個人個人の意思だったり、かなりパーソナルな部分があると思っています。内側から、個人の意識改革とか、意識変容みたいな取り組みをやるというか。そっちが、盛り上がっていたりすると思います。僕と山田さんも、コンサルティングするときに経営の仕組みとして、スキル・マインド・ナレッジを、がんばっていたりしたこともありましたが、最後は、その人が変わるか、変わらないか、その人次第なので、コンサルティングできないということになったんです。

情報の透明性が最も重要

天外　スキル・マインド・ナレッジは、深層意識にアプローチしなければいけないので、大変だし、時間がかかる。

武井　本当にそうだと思います。スキル・マインド・ナレッジは、世の中にいっぱい手法があります。

組織を作るときには、インフラが重要だなと思っています。意識が変わった素晴らしい経営者が会社を経営すると、自然とティール的になったり、グリーン的になったり、良い組織ができるんです。

でも、その人がいなくなったらどうなるかという問題です。特に、世代交代して、二代、三代となっていくと、一人ひとりは優秀だし、すごく良い人なんだけど、組織として、変になっちゃう。あれは、意識の問題だと思っています。

サラリーマン社長でも、素晴らしい方とか、とんでもない力のある方もいるとは思いますが、それって、偶発性に頼っている。それは、インフラを整えていないから、そうなっちゃっていると思っています。

僕らは、情報の透明性というのを最も重要視しています。透明性がないと、元に戻ってしまうんです。個人の内発的動機が大事で、自らの内から出るもののほうが、良い感じになるというのは、間違いないんです。でもそれは、個人の場合の話なんです。

組織でいえば、そういう内発的動機で、ものすごくいきいきと働いている人同士が喧嘩しあうということが起こるんですよね。これは、情報の透明性がないから起こる。

全体性（wholeness）って、すごく抽象的ですけれど、合理的に分類したとすると、個と全体の利害が一致している状態のことを全体性と呼んでも良いんじゃないかなと思っています。個と全体の利害を、どうやって一致させるのかというのが、情報の透明性に戻ってくる。

僕の知り合いで、自己組織を研究している田原真人さんという方がいます。物理学者で、粘菌微生物というアメーバの研究者だった人です。粘菌って分裂しても、情報の共有ができていると戻れるらしい。情報が共有されているような状態のときは、一個体として認識されるらしいんですよ。だから、情報で繋がっていると、一体化するということです。

人間の体は、臓器とか、それぞれが情報伝達をしあって、全体性をなしているわけです。他の臓器があるから、心臓としての役割を果たせるわけで、心臓だけ取り出しても機能しないじゃないですか。それと同じように、組織のなかで、そういう調和というか、利害をどう一致させるか。

これは、『国富論』を書いたアダム・スミスという経済学者が、神の見えざる手みたいなことをいっていたと思います。彼は、資本主義は一人ひとりが個の利益を追究するということが正しいといってます。僕も、それは正しいと思っているんですけど、前提条件があると思っています。それは、全体の利益と個人の利益が一致している状態であれば、個人が超エゴイスティックに、自分の利益だけを追究していても、勝手に全体のためになる状態が作れると思っているんです。じゃあ、どうやってその状態を作れるのかというと、必要なのは情報の透明性なんです。

会社でいうと、部署があって、働いている人がいて、いろんな規定がありますけれど、情報の共有がなされていないと、部署間で利害関係がぶつかっちゃう。たとえば、予算の奪い合いになるとか、片方ががんばりすぎちゃって、片方ががんばれなくなっちゃうとか、そういう不具合が起きるんです。でも、会社のなかで、情報がオープンになっているだけで、そういう歯止めがきくんですよね。

組織を生き物としてとらえる

武井　いままでの組織って、個人個人の利害がぶつかる状態とか、部署同士の利害がぶつかる状態を、その上にいるマネージャーとか役職者が、その人の能力で調整していたわけです。今は、そういう調整機能というのを、一個人に持たせなくても大丈夫なんです。

しかも、それを調整するときに、意思決定みたいな、個性的な切り口ではなくて、対話とか、『ティール組織』に書いてあるアドバイスプロセスみたいな、コミュニケーションを用いていくと、「誰かが何かを決める」という概念自体が薄れていく。僕らは、一時期個人個人が好きなようにやる会社をやろうといったら、バラバラになったことがあった。

天外　今はバラバラにならないの？

武井　今は、ほとんどならないですね。

天外　個人のエゴが薄くなっているのかな？

武井　うちの会社って、いつもきれいなわけじゃなくて。普通の会社と同じように、いろんな問題が、普通に起きるんですね。採用の問題とか、人の問題とか、お客さんからのクレームとかあるんですけど。そういうのが起きたときに、すぐに調整できると。

天外　どうやってやるの？

武井　人間の体に、ばい菌が入ったときに、白血球が勝手にやっつけにいくというか、そういう感覚です。ティールでも、組織を生き物としてとらえる。

以前天外さんがおっしゃっていた合理主義経営みたいな経営ってありますよね。合理主義経営は、機械ですよね。機械組織から生命体的組織への移行は、成長とか、変化ではなくて、生まれ変わりです。全然別ものなんです。科学はものすごく進歩していますけれど、いまだに、ゼロから生き物は作れないじゃないですか。ただ、単体として生物を作るのではなくて、複雑系マネージメントで作る。田坂広志さんがいっていますが、物事・事象というのは、複雑になればなるほど生命体的な振舞いをし始める。それがエコシステムです。

ＩＴ業界でも、サービスのかたちって、実はそうなっています。ＡＰＩ（アプリケーション・プログラミング・インタフェース）経済といわれている、別々のアプリケーション同士のデータを組み合わせて、別のものを作るとかです。アプリケーションごとに個別のサービスになっているのがＡＰＩによって繋がって、有機的に全体を作る。これをＩＴ業界では、ホールシステムといいます。個別のシステムじゃなくて、全体をもって機能しているシステム。うちの会社も、社内のインフラシステムというのは、全部、そうやって作っています。

1 on 1を取り入れる

天外　生命体とAPIは、だいぶ距離があるね。論理的なシステムだけでは生命体は議論できないよ。人の気持ちみたいなのはどう考えているの？

武井　気持ちの部分は、微妙です。やっぱり、人間って、合理性だけだと動かないじゃないですか。僕らがやっている自然経営というのは、自然界をメタファーにやっているので、究極の合理性みたいなところがあるんです。でも、人間って、すごくエモーションに引っ張られるところがあるので、内部と外部の間にあやふやな中間層を作るという感じですかね。これが、すごく重要なんです。

個人でいうと、個人と個人の壁というのは、感情なので、そこをあやふやにすると、感情移入が起こって、相手のことが自分事になったりするんです。

天外　どうしたら中間層ができるの？

武井　超簡単ですよ。酒を飲んで話す。

天外　古典的だね。

武井　ただそれが、今、できなくなってきたんですね。子育てをしながら働いているとか、リモートワークをしているとか、集まれないという制約が出てきて。そのなかで、他のメンバーが主導して生まれたのが、1on1というシステムです。

最近は、ヤフーが1on1をやってうまくいったと取り上げられていたりするんですけど、僕らがやっている1on1は、それとは意図が違うと僕は理解してます。

一般的な組織では1on1ミーティングみたいなものって、上司が部下をメンタリングするんです。「君は何がしたいのか」とか、「自分の描いている目標と現状はどうか」とか。

そういうんじゃなくて。僕らは、メンターとメンティー。メンタリングされる側とする側がいて、メンティーがメンターを決めるという、子弟制度みたいなものなんです。しかも、何をテーマとするのかは何を取り扱っても良くて。それを3カ月ごとくらいにペアを変えてやります。また、決まったフレームワークとか質問とかでやるというのは、一切ありません。ただ単に雑談なんです。1対1でコミュニケーションをすると、たいていの場合、感情交換ができるんですよね。

会社のなかの透明性が上がっていくと、基本的に、すべての物事について、みんなが対象になってしまいます。みんなにとって良い方向には進んでいくんですけれども、やっぱり、個人の感情が出にくくなるという弊害が起こるんです。鬱憤みたいなのが溜まっていた時期があって。それを解消するためにうちの会社の誰かが1on1のシステムを作ったんです。

なんで1on1だと感情の発散がしやすいのか考えたときに、真逆の環境のほうが、本音が出るんじゃないか、という仮説を立てたんです。それが非公開、アンオフィシャルで、非日常的な状態に置かれると、めちゃくちゃ本音が出るんです。

感情を大切にするために

天外　インディアンも、紛争の解決に、そういうアプローチを使うよね。スウェットロッジ、一種の蒸し風呂かサウナだよね、そのなかをめちゃくちゃ暑くする。紛争の当事者、AとBが来ると、長老と一緒にスウェットロッジに入る。AとBは直接お互いには話さない。だから、論争にはならない。長老がお祈りして、Aがお祈りして、Bがお祈りして、長老がお祈りして、と繰り返しているうちにいつのまにか紛争が解決する。

要するに、そのときに共通しているのが、創造主が自分をどう見るか、という視点。誰も創造主には嘘をつけない。これは結構うまくいくんだよ。

武井　うちのは、そんな高尚なものじゃないですけどね。

天外　でも、ひとつはね、そういう非日常の環境を作るのがポイントだよね。暑くてもう耐えられない。限界状態で理性や論理があまり働かないようにするとうまくいく。

武井　感情が露出しやすい環境というのは大切ですよね。透明性が高すぎると、自分の個人的な感情って出にくくなっちゃう。それを、1 on 1で解消する。これは、上司と部下じゃないというのが重要です。

1on1をやると、会社のなかで、テンセグリティのシナプスとノードみたいに関係性がごちゃごちゃになっていくわけです。繋がりの数が多くなればなるほど、太くなればなるほど、構造体として強くなるわけじゃないですか。

天外　だから、会社のなかに、サウナを作ると良いかもしれないよね。そこで1on1をやる。ただ、普通のサウナじゃダメで。暑くて耐えられないくらいの。そういう非日常の環境というのは面白いんじゃない？

武井　そうですね。個人の感情という観点からいくと、そういうドロドロした部分を処理する場というのは、やっぱり必要だなと。天外さん、以前、おっしゃっていたじゃないですか。筑波で計画的に都市づくりをしたときのこと。赤提灯を作ったら、激増していた自殺者が減ったという話。赤提灯のような場が人間には欠かせないということでしたよね。

規模がそんなに大きくないときは、放っておいても、そういう関係性って多少できていたんです。でも、部署が増えると、部署間でのコミュニケーションというのが、やっぱり薄くなる。情報を共有はできても、感情を通わせ合う機会というのが、ものすごく減っちゃう。そうすると、やっぱり、感情的な衝突というのが出てくるということが、うちの会社でもありました。それで、1on1が生まれたんです。

境界というのは、そういう精神的な部分だけじゃなくて、物理的なものもかなり重要です。これは、僕が、本業の不動産関係で勉強していることです。都市開発とかで栄える街というのは、建物のなかと外をあやふやにする空間というのがいっぱいあるんですよ。たとえばカフェテラス。お店の中と外の接点が増えて、カフェテラスで天外さんとコーヒーを飲んでいたときに、天外さんの知り合いが通りかかったら、お！　となるじゃないですか。そしたら、「こちらは武井さんです」「どうも初めまして」というふうに、繋がりが増えるんですよ。ヨーロッパって、街がそういうふうに意図的に設計されている。人だまりというんですけど。人がたむろする余剰スペースというのがいっぱいあるんですね。

人だまりスペースをつくる

天外　ダイヤモンドメディアのなかにそれがあるの？

武井　50坪くらいの小さいオフィスなので、そんなに取れていないですけど……。動線設計がすごく重要で、人と人が接触する場所が多ければ多いほど、コミュニケーション量が増える可能性が高まるんです。たとえば段差の高い階段があると、人間って座っちゃうんですよ。座ると、そこに人が集まる。そうすると、そこにコミュニティができる。

大きい広場とか、公園があったとき、居心地が悪いので、人はど真ん中に行かないんです。人間って、背中が守られていて、前が開かれている環境にいるときにリラックスするんです。だから、背もたれが欲しくなったり、木にもたれてピクニックをしたりしますよね。人だまりができやすいように、そういう場所にイスとかテーブルを置いてあげるとか、あえてへこみを作ってあげる。あるいは木陰を作るとか。

でも、逆にど真ん中を、そういうスペースにする手法もあります。ヨーロッパでよくあるのは、真ん中に噴水を作るんです。そうすると、そのフチにみんなが座るんですよ。座れる高さのフチにしてあるということが重要です。今の日本の不動産業界とか、建築業界ってそういうのが失われちゃっているんですよね。

天外 30年くらい前の話だけど、ソニーでやったことがある。会社の建物が禁煙になって、喫煙スペースができたのね。椅子がなくて、止まり木みたいなものしかなくて、非常に居心地の悪い場所。そのとき、タバコ組がね、やけに、情報を持っているのに気がついた。要するに、そこで違う部署の人が来て、タバコを吸っている間に情報交換をしている。俺はタバコを吸わないからコンチクショーと思った。それで、すぐ、自販機とソファを入れて。就業時間中でも、そこでくつろいで良いよといったら、けっこうそこで情報交換をするようになった。だから、人工的に作ることはできる。

武井 物理的じゃない部分、人間同士の関係性というところでも、そういう場を作るということは重要だと思います。

天外 人だまりスペースっていうのは、素晴らしい発想だね。

武井 合理主義的に考えると、無駄なスペースなんですよ。日本の不動産とかも、マンションの専有スペースをどれだけ広くするかというようなことばかりやっている。それは、やればやるほど、住み心地が悪くなるという、おかしな現象が起きている。それが、今、逆転しはじめているんです。そういう人間関係を育む不動産とか、街づくりというのは、タウンマネジメントとか、コミュニティマネジメントという言い方をしていて、そういう空間が圧倒的に作られるようになりました。

たとえば、専有スペースは小さくてもいいから、共有スペースを大きくするとか。今までは、不動産って、立地とスペックだけで物件の価値評価が出されていたのが、時間、空間、人間（ジンカン）、つまり人の関係性になってきた。つまり人間関係を求める人が来るようになると、経済的にも価値が上がっていくということです。シェアハウスが増えてきたのもそんな理由からです。

開放性というのも、情報の透明性があればあるほど、行き来しやすくなります。片一方が強い状態だと、相手を一方的に信頼するという状態になって、それに答えられなかったときに、信頼が裏切られたとか、期待が重すぎるとか、偏りになりやすくなる。

僕らって、あまり、信頼とか、信用という言葉を使いません。情報が透明だと、信用する、しないとか、ないんですよね。見て、おしまい。一般的な組織論とかって、信頼できる組織が必要とか、心理的安全だとか、それも大事なんだけど、その前にやることがあるでしょ？　という感じが、僕のなかにあるんです。

情報の透明性と、力の流動性というのがない状態で、心理的安全というものは、僕はあり得ないと思っています。そろそろ力の流動性の話をしていこうかなと思います。

ダイヤモンドメディアの1on1の実際

塾生10　ちなみに、1on1の非公開、非公式、非日常というのは、具体的にはどんなですか？　例えば勝手に飲みにいくとか？

武井　管理していないのでわからないですけどね。ランチに行ったり、コーヒーを飲みに行ったりして、1時間くらい。「最近どう？」って。

塾生10　それを、みんながやるようにするということ？

武井　やりたい人がやる。

塾生10　メンターとメンティーという話がありましたが、メンターの人もメンティーになるということなんですか？

武井　そうです。別に、メンターとメンティーという言葉を使っていますけど、メンタリングしているわけでもなくて。本当に雑談なんです。エンジニアとかだと、技術とか、具体的なものを学びたいから、同じ部署の先輩で、一番優秀な人に、お願いしますというときもありますよね。

天外　指名されたら、メンターは断れないの？

武井　断っても良いんじゃないですかね？　今のところ、断った人はいない。指名されると、ちょっと嬉しいんじゃないですかね？　人間って、そういうエゴもそうですけど、いろんなものが渦巻いているので、それが整いやすくする機会、環境というのが、組織の変化に応じて提供されていくといい。

塾生11　情報の透明性を上げていくという話がありました。そのときに、個人のなかでの情報の透明性みたいなものって、どういうふうになるんでしょう。

武井　自分の気づいていないことに気づくということなんじゃないですか？

塾生11　そうですね。例えば、自分が何を望んでいるのかとか、欲しているのかとか。

天外　逆にいうと、どのくらい装っているか。

塾生11　そうですね。自分で自分を騙している部分に気づく。逆に、個人のなかでの情報の透明性がうまくできなくて、何か滞ってしまうような状況で、1on1がすごく効果を発揮するような場合ってあるのでしょうか。

武井　個人というところだと、心理学的なところになっちゃいそうな気がする。僕は、あまり、そういう観点からは、デザインをしないので。山田さん、何かありますか。

山田　たぶん、とらえ方がいくつかある。武井さんと一緒にやっているなかで、情報の透明性というときに、あくまで、組織のなかの情報が、みんなに見えるというイメージを僕は持っています。個人の内面に向けてはいないかなというのが、僕のとらえ方です。

その上で、個人の内的な発達とか、自立みたいなことって、プロセスのなかで、結果的にそっちに促されていくというのが、一番理想的かなと思っています。

ダイヤモンドメディアという会社も、誰かのために何かをしたいとか、外に自分の問題解決を求める人とかって、向いていないという仮説を僕は持っています。何をやってもいいよというなかで、私の役割はこれをやりたいですと、意思を持って取りに行くという人じゃないと、仕事に直結しづらかったりする。それが合う人というのが、より適合しやすい。合わなかったら、早めに辞めやすくなるのかなと思います。

18章

言語化すると失われるものがある！

【解説】

武井の提唱する自然経営《じねん》というのは、極力人によるコントロールを少なくして自然の流れに任せる、という傾向があります。でもそうすると、放ったらかしに近くなり、人数が増えてきたり、年齢差が大きくなってくると、組織がバラバラになる弊害も出てきます。

ダイヤモンドメディアでは、社員の成長とか教育とかは個人の問題なので、一切会社側はタッチしないというポリシーを貫いてきました。成長したくない人は成長しなくてよい、というわけです。ところが、状況が変わってきて、少なくとも教育の機会だけでも提供したほうがいいんじゃないか、という迷いが最初に語られます。

理念も言語化していません。古い社員は暗黙のうちに価値観を共有していますが、新入社員はなかなかそれを把握できません。

天外からは「ホワイト企業」を定義しなかった理由と、言語化のデメリットが語られます。武井から、言語化のメリット・デメリットを両方よく把握して、今後言語化を検討していく、という覚悟が語られます。

セミナーの実録

武井　いままでは会社の規模もそんなに大きくなくて、会社に残って長くやっているメンバーは、自分がやりたいことがほとばしっているような人ばかりなのでそれで良かったんですが、今社員の教育について考える時期にきているかもしれない。事業が増えたり、人が増えたときや、社員間の年齢差が出てきたりしたときに、ムラが出てきてしまうんです。今は、そういう人たちが成長したほうが、会社にとっても、お客さんにとっても良いという、そういう時期なんじゃないかなと思っています。一人ひとりが学習する機会を、もう少し意図的に増やしていこうかなと考えてます。

塾生11　フェーズが変わってきたということですか？

武井　オンゴーイングと呼ばれるような、入社してから、会社のやり方などに慣れるためのステップアップ的な仕組みが今、必要かなと。僕なんかは、新しく入る人の気持ちとか、もうわからないんですよね。だから、わかっているなと感じている人たちが作ったほうがいい仕組みができるんじゃないかなと思って、僕は、ノータッチです。

塾生11　自然経営の定義みたいなものを、進められているじゃないですか。それは、情報の透明性と繋がるものなんですか？

武井　自然経営研究会って、一般社団法人が作っています。でも定義を作るところには、僕は一切、関与していないんです。だから、プロジェクト的に、勝手に立ち上がったというか。山田さんががんばった。それも、ウィキペディアみたいに、常に更新していくような、流動的なものとしてとらえていますけど。

塾生11　固定的なものじゃなくて？

武井　そうです。言語化するって便利ですけど、固定化しちゃうと、実態がそぐわなくなったときに、おかしくなるという弊害があると思います。継続的に変化できるものであれば言語化してもぜんぜんいいと思いますが。

塾生11　天外さんも、言語化することによって、可能性を閉じてしまうというか、何かを失ってしまうようなところがあるんじゃないのかということをおっしゃってましたよね。

天外　ホワイト企業大賞のときに、あえて「ホワイト企業とは」という定義をしなかった話ね。社員に過酷なブラック企業の逆だから、社員を大切にする企業という共通認識は、少なくともあるよね。その延長上に「社員の幸せ、働きがい、社会貢献を大切にしている企業」というほのかな方向性だけ決めて、あえて審査基準を設けなかった。定義をすると、それが目標になってしまい、それと方向が違う企業やそれを超える企業が出てこなくなる。企業の進化というのは、どっちに行くかわからないから、僕たちが想像できないような、突飛な経営がどんどん出てきてほしい。多様性に対してオープンにしておくためには、言語化しないほうがいい。だから、「永遠に歩み続ける道」という意味で「The White Company Way（ホワイト企業への道）」を標語にした。

一般に、言語化すると必ず失うものがある。それは、言語のまわりに、わーっと取り巻いている非言語情報があるから。それを共有している間はいいんだけれども。言語だけをとらえると、非言語情報が抜けていっちゃうんだよね。理念でも、言語化したときに、抜けていっちゃうものが必ずあると思う。

目に見えないものは言語化できない

武井　僕は理念も言語化したくなくて、いまだに、していません。だからこそ、非言語的なコンテクスト、文脈みたいなものをとらえなきゃ、というふうには向くんですけれども。ただ、言葉がないと、新しい人とかは、とっかかりがないんですよね。最近、それが、逆に、デメリットのほうが大きくなってきたなということはあって……。

たぶん、今の僕らだったら、その言語化によるメリット・デメリットが、両方扱えるような気がする。そのあたりを、最近、山田さんがやってくださっています。

塾生11　メリット・デメリットの両方、視野に入れつつ、言語化を進めているということですか？

武井　僕は、非言語的な部分というのを、どうやって社内で調整していくかというのをずーっとやってきた。コンテクスト、文脈って、時間軸のなかにしか存在しないんですよ。

僕らは、不動産の収支管理システムとかを作っているので、時間軸を扱います。家計簿とかで単体で見ても、良し悪しって分からないじゃないですか。その月の支出が多すぎるのか、少なすぎるのか、相対的なものなので、単体では判断できない。

時間軸のなかで、「ここはコストを抑えられたな」「うまくやれているな」「ここは支出が出ちゃった。なんで出ちゃったんだろう」「こういう突発的なものがあった。じゃあしょうがないな」「固定的な支出が多いから、ここを削ったほうがいいな」とか。情報を読み取る量が、急に増えるじゃないですか。それが、コンテクスト。一つの事象に対してのいろんな意味付けが広がる。

これは、時間軸の変化のなかでしか読み取れないんです。時間軸の変化を会社のなかでとらえるということがすごく重要だと思っています。だから、うちの会社って、経理の勉強会とか、基本的にやったことがありません。財務諸表の読み方を説明しても、あまりピンとこない。それよりも、時間軸のなかで、当事者として、数字を業務の一部として扱っていると、「この外注は高いな」とか、「こっちのほうがいいな」とか、いろんな意味付けが見えてくる。そこに関与できる仕組み、経営のオペレーションの部分が開かれているんですよ。

一般的な企業だと、そのオペレーションの意思決定権を、全部上司が持っていたり、責任者が困っているわけです。平社員みたいなかたちで仕事をしていると、作業しかおりてこないので、コンテクストに触れる機会が極端に少ないんですよ。だから、言われたことをやる。やることをやったんだから給料をよこせ、と、そういう関係性になってしまう。そこが開かれていると、給料はどうやって決めようか、のところから、みんなで話し合う。そういう体験を繰り返していくと、これがダイヤモンドメディアだと、形式知ではなくて体感として理解するんですよね。この話が、また力の流動性に繋がるんです。

　目に見えないものを扱うって、すごく難しくて。見えないから、言語化できない。

自律型企業25社の実態「権力・権限について」

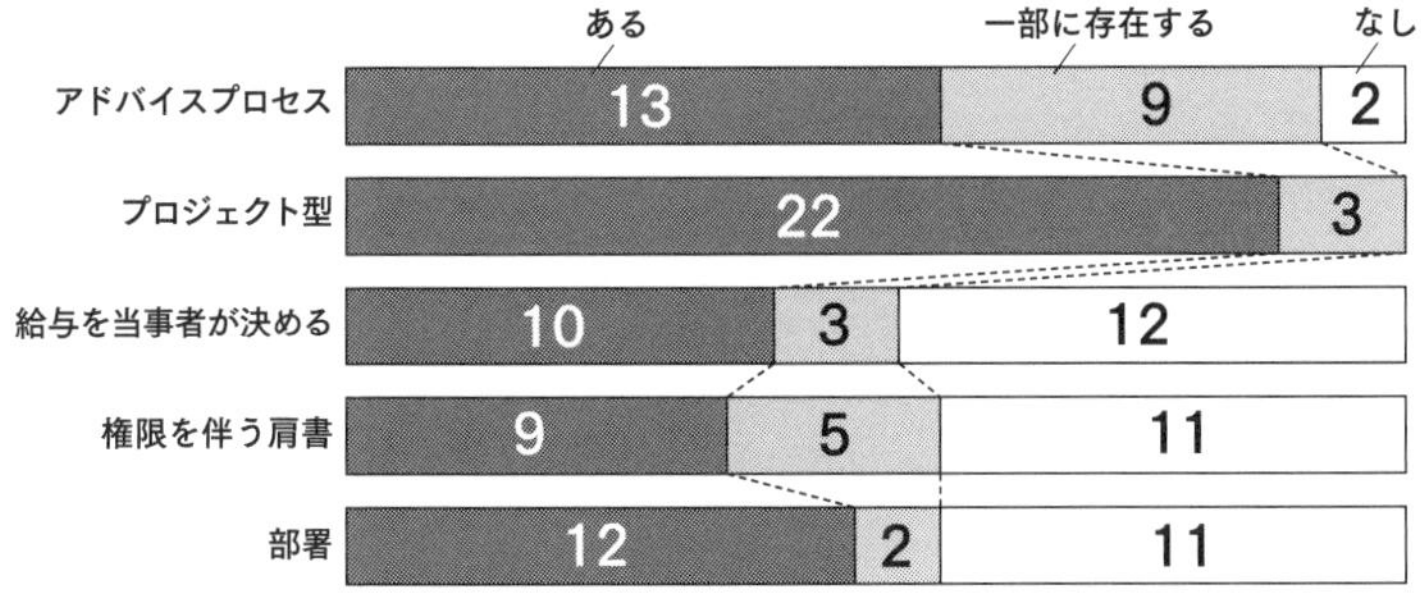

▶「アドバイスプロセス」「プロジェクト型」など、自律性を高めた働き方は大半の企業が導入

▶「肩書」「部署」は半数程度に存在する

自然経営研究会アンケートより
【調査期間】2018年11月16日~11月30日 【調査方法】ティール組織、ホラクラシー組織を運営する企業に回答を呼びかけ 【回答数】25社

19章

新規ビジネスが自然に立ち上がる！

【解説】

武井の「ビジネスモデルに適したオペレーションをやっている」という発言に、一人の塾生が引っ掛かりました。ブラジルのセムコ社は、どんどん新規事業が生まれてきて、ビジネスモデルも業種も多様で、訳がわからないコングロマリットになっているが、それでもティール組織のオペレーションをやっている。ビジネスモデルにチューニングするというのとは、ちょっと違うのではないか、というのです。

そこから議論は、新規ビジネスがどうしたら立ち上がるか、という方向に発展しました。ティール組織の特徴として、いまのビジネスモデルとは無関係に、新規ビジネスが自然発生的に立ち上がる、という例が語られました。そのときに組織の「存在目的」の追求から生まれるのと、担当者の「おもしろい！」という感覚から生まれるケースがあります。

担当者の感覚、とくに「手触り感（マテリアリティ）」が発揮されるためには情報のコンテクストが尊重されなければならず、工夫が必要です。それは、力の流動性に関係しており、組織のなかの権力構造が、学習機会だったり、当事者として物事に接触する機会というのを奪って、手触り感が失われていくという、武井が発見した大原則が語られます。

まさに、新規ビジネスが従来の「管理型マネジメント」では、どうして立ち上がらないのか、ティール組織だと自然発生的にどんどん立ち上がるのか、ということの理論的背景が解明されました。

セミナーの実録

塾生12　力の流動性のところで、関連が出てくるんじゃないかと思うので、ちょっとお話をしておきたいです。ダイヤモンドメディアさんの場合は、ビジネスモデルがあって、それに合わせてうまくティールをやっていらっしゃるというふうにうかがいました。でもたとえば、ブラジルのセムコ社だと、ビジネスのドメインの設定をしていないですよね。さまざまな工場のようなものがあったり、ソフト会社があったり……。セムラー自体も、うちの会社はどんな会社かというふうに言いたくないと言っています。

自然発生的に、イノベーションだったり、新事業がどんどん生まれてくるというようなセムコ社のような組織と、ある程度、ビジネスモデルが確立していてそれを横展開する組織はちょっと違うのではないかと思うんです。『ティール組織』で紹介されているオランダのビュートゾルフでも、モデル的なやり方があって、それを別の地域に展開していくだけですよね。

新事業だったり、新しいビジネスモデルができたり、イノベーションが起こったりというのは、ティール的な組織のところでは、それが環境の変化に対応しながら、内部にいる人たちの自発性だとか、内的動機付けなんかと絡まって生まれてくるのか、そのあたりの構造がどうもよくわからないんですけど……。

武井 それは一緒だと思います。うちの会社もそうですけど、勝手に生まれちゃうんですよね。新規事業をいつまでに立ち上げようとか、この領域でビジネスチャンスがあるから、というのは、すごくマーケットイン的な、新規事業の考え方ですよね。そういう考え方からだと、イノベーションは、絶対に生まれないんですよ。

そのマーケットのシェアがあるという時点で、そのなかで、どう競合他社に勝つか、どっちが強いかという戦いになってくる。

ソフトバンクとか、楽天とか、ファーストリテイリングとか、それが、やたらめっぽう強い会社もいます。あれは、あれで、ひとつのやり方として、いいと思います。

僕らは、戦うという概念がありません。新規事業とか、既存事業ということも、あまり区別がない。おもしろいんじゃない？　と、そこから生まれるんですよ。うちの会社は、小さいくせに、事業がめちゃくちゃ増えてます。不動産で、プロダクトを3つやっていて、ウェブのソリューション事業もやって。山田さんと立ち上げた自然経営コンサルティングをやって。こういうのがあったらおもしろいよね、みたいな雑談から生まれてきている。
　これは新規事業とかの開発手法ですけど、リーンスタートアップとか、アジャイル開発と呼ばれるような、ものすごく小さい規模から始めてみようかとか、顧客体験を、プロダクトを作らないで、一回まわしてみようかとか。そういう開発手法がけっこうあるんです。こういうとき、僕らみたいなＩＴの業界はやりやすい。

ティール組織だと新規事業が自然発生的に生まれる

天外　オランダのビュートゾルフだけど、『ティール組織』に、新規事業が自然発生した例が載ってなかった？

山田　ビュートゾルフは訪問看護をやっています。患者さんが段差で転んでしまって腰の骨を折ったから、と、たまたま近くにいた理学療法士の方と、新しいプロジェクトを立ち上げて、患者さんの家の環境をバリアフリーにした。新事業を作ろうとしたわけじゃなくて、たまたま、その方のために良いことをやって、シェアしたら、ほかの地域に普及して、新規サービスとしてどんどん広がっていった。結果的に、大きな新ビジネスに発展した……と記憶しているんですけど。

嘉村　あとウェブの仕組みが素晴らしい。はじめは、ただ、看護師たちが使いやすいシステムを組んでいたというプロセスがあったなかで、困っていたものがビジネスになった。

天外　新規ビジネスが、うんうんうなって考えた末に作るんじゃなくて、なんとなく、自然発生的に出てくるというのが、ティールの特徴だよな……。

嘉村　事業内容以前に、存在目的がありきなんです。ビュートゾルフの存在目的は「患者が健康的で、自立的で、意義深い人生を送ること」。日々活動していて、この人が幸せになっていないとなったら、幸せになるということを考えるのが存在目的。そこからたまたま新ビジネスが生まれることもある。すごくシンプル。

情報の共有の仕方

塾生8　意味を持つための情報の共有の仕方をお訊きしたいです。単なる売上いくらでした、前年比120パーセントでした、というようなことじゃなくて、ストーリーの意味を共有するための工夫だったり、考えていることがあれば教えてください。

武井　ちゃんと仕組みとしてやっている部分でいうと、毎月1回、納会を定期的にやっています。前月の業績のシェアと、各部署の報告。そのなかで、一事業部の報告、これまでの経緯と、これからどうするのか。まさにコンテクストみたいなものを口頭でシェアしていくということは、やっています。

これは、僕のなかでは、価値はあるんですけれども、本丸ではないと思っています。それをやれば良いというものじゃないんです。情報を生きた情報として扱わないと、手触り感って出ないじゃないですか。手触り感、マテリアリティ、質感。たしか、幸福学を研究されている慶応大学の前野隆司さんは、クオリアと呼んでいますよね。それを感じられるかどうかということが、すごく重要だと思っています。

たとえば、お金の情報は、やっぱりそのお金を使うときが、一番手触り感が出ます。売上を上げることよりも、お金を使うことのほうが、経営意識って圧倒的に高まるんです。そこに関与するということが、やっぱり、一番の学習機会だと思っていて、それを絶対に奪いたくないんですよね。

でも、稟議とかすると、それは失われるんです。だから、しないほうがいい。チームの収益を、チームのみんなで考える。新しく人を採用しようかといったときに、僕らは、それによってチームの収益がどうなるかとか、投資する価値があるかどうかとか、どういう人だったら良いかとか、それは先行投資なのかどうかを考える。それによって、お金の使われ方が全然違ってくるわけです。しかも、そういう現場のマテリアリティというのは、僕が持っていない部分もいっぱいあるので、持っている人たちが判断をするということをやっていた。それで僕は何もしなくなったんです。

まさに、力の流動性です。組織のなかの権力構造が、学習機会だったり。当事者として、物事に接触する機会というのを奪っていく。そういうのを全部なくしていきたいというふうに考えています。

20章

「権力」は構造が与える力。それをなくす！

【解説】

事業計画は必要か、という質問から、外からの力学で、オペレーションが歪まない重要性が語られます。計画というのは、外からの力学の一つで、歪みの原因になりえます。いままでの常識では事業計画は必須だったので、これはとても新鮮な視点です。ダイヤモンドメディアでは、達成を目的とする計画ではなくて、参考に眺めることだけを目的とするシミュレーションが多用されています。

従来のヒエラルキー階層の組織は、上司が圧倒的な権力を持つので、歪みだらけです。「権力」というのは、構造が与える力、権限なので、それが徹底的になくなるような構造を模索していったら、人が「影響力」だけで結びついたポリモルフィック構造（多形構造）になった、という経緯が語られます。

第1回ホワイト企業大賞を受賞された未来工業では、給料は年齢と勤続年数だけで決まるので、上司の権力のなかで大きな要素を占める「評価」をなくしています。しかしながら、それができる業種、地域は限られているでしょう。

権力がなくなったときに、決済はどうするかという議論になりました。F・ラルー『ティール組織』では、アドバイスプロセスを経たなら、誰でもどんな決済ができる、と書いてあります。しかしながら武井は、「個人が決める」という発想を否定します。コンテクストで決まる、などといっていますが、要するに「なんとなく決まる」のでしょう。

天外は、このあたりに「個人の力学」から「集合的な力学」への変容を感じましたが、これはとてつもなく大きなテーマなので、さしあたり介入しませんでした。このテーマは、いつかじっくりと取り組みたいと思います。

セミナーの実録

武井　力の流動性に行く前に、他に何かご質問ありますか?

塾生12　戦略という意味で、経営計画とか、どういうふうに作っていくのかというところが疑問です。『ティール組織』で紹介されている発電所のAESは社員が4万人、ゴアも1万名とか多国籍でいたりしますよね。だから、100名、200名で、地域的にある程度集中していると、情報の共有もされやすくて、経営計画的なものも、あまり作らなくても共有化できたりすると思います。でも、会社規模が大きくなったときに、どういうふうにしたら良いとお考えですか？

武井　規模が小さいので分からないです。それは知りませんとしか言えないです。

天外　ゴアにはひとつの事業所は２００人以上にしちゃいけないというルールがある。顔見知りでお互いがわかる、だいたいの限界が２００人だというのが、創業者ビル・ゴアの最初の思想。

武井　セムコも２００人以下でしたね。

塾生12　できるだけ近くにみんながいる。だけど、多国籍になってくると、全体的に…。

武井　全体的に何かを持つ必要があるんですかね？

嘉村　多国籍ですけど、統括はしていない。それぞれで、大きくなり過ぎないように自由な権限を与えて、完結してください、と。多国籍戦略ということはないですね。

塾生12　統合しているのは、価値観だとか、ミッションとかだけですか？

嘉村　そうです。あとは、国によって、状況がケースバイケースなので、それぞれのやり方を、性善説を信じて、生み出してやってくださいという感じです。たぶん、見える化はしていると思います。

外からの力学で歪まないように

武井 僕らも、シミュレーションはめちゃくちゃします。僕らは、数字を扱うのは強い方なので、数字のシミュレーションを持ち寄って擦り合わせをすることもあります。でも、それを達成しなきゃいけないという力学は働いていない。チームのなかとか、部署のなかで、目標を作るときもあります。お客さんのいる仕事だと、計画を立てないとおかしくなっちゃうので、計画は立てます。

重要なのは、外からの力学で、それが歪まないということだと思っています。今期の売上目標がこうだから、これは絶対に納品してくれなどとなると、おかしなことになります。大企業の粉飾などは、力学の暴走だと思っています。個人の倫理観の問題に帰着させないほうがいい。計画はないほうが良いとか、あったほうが良いとか、そういう話じゃなくて、まさに、コンテクストの話なんです。あまり良いものとしてとらえていないものとして、権力があります。僕の解釈ですけど、権力というのは、外部の構造から与えられる力、権限。影響力というのは、その人のやってきたこと、能力。すごいナチュラルな。あるべくしてあるもの。自然というか……。山田さんと自然経営研究会のビジョンを作ったのですが、それが参考になるかもしれません。

山田 自然経営研究会の話で、ビジョンを作ったほうが良いよねという機運が高まったうえで、始めました。ビジョンはこれだと明確に決めると、変えられなくなる。結論、どうしたかというと、スマホのアプリのアップデートみたいに、バージョン管理をしようということになったんです。今バージョン1.1なんですよ。変えたければ、変えたい人が1.2にすればいいという感じで作っていきました。

ビジョンの最初のほうで、自然的な経営が広がることをリードする団体になりたいということを入れたんですけど、リードするというと、自然な感じがしない。僕らの在り方として、どうしたいかというと、好きなようになっていると、勝手にそう流れてくれたら嬉しいよねということにした。そのとき集まっていたメンバーで最後に出した言葉が、やっていると勝手にそういうのに貢献しちゃっているんです、みたいなビジョンになった。「しちゃっている」という言葉が入るビジョン、なかなかないよね。

武井　そうそう。これをやる！　っていう言葉じゃない。

山田　勝手にそうなる、という感じ。

権力をなくすということ

武井　ニュアンスがすごく伝わるなと思う。本人の意図するところではないところで、与えちゃっているものだと思っている。僕は、権力は徹底的になくそうということでやってきた。そうすると、影響力だけが残る。構造が権力を与えるので、権力を与えない構造にしないといけないというふうに考えて、作り直していったら、ヒエラルキーじゃなくて、テンセグリティみたいな組織になったんです。

ヒエラルキーの力学というものが、組織のなかでどう渦巻いているかというのは、ものすごくシンプルです。生殺与奪権を持っているのは、その人の上司です。給料を決めたり、処遇を決めたり、待遇を決めたり、仕事の中身を決めたり、評価をしたりする、そのすべてが権力なんです。またその上司の処遇は、その上の上司が決める。その上司の処遇は、またその上の人が決めるんです。それで、一番上の人の処遇は誰が決めているのかというと、株主が決めているんですよね。ヒエラルキーの頂点は株主。つまり、資本家なわけです。成りあがるためにみんな、権力を求めて資本家になろうとするわけですよ。これが力学だと思っている。もちろん、こういう力学のなかでも、素晴らしい上司もいるし、素晴らしい社長もいるし、素晴らしい株主もいます。口を出すだけじゃなくて、経営を手伝う、当事者として働く株主もいます。でも、それは、個人の意思での話で構造体の話ではない。

僕は違うアプローチとして、ヒエラルキーの構造をどうにか無効化できないかなと思っています。なぜなら、誰かの生殺与奪権は、その上の上司が持っているから。一番下の人は何の力学によって動くかというと、上司によって動くわけで。上司は、その上の上司の顔色を見て、その上もまた同じです。

これを会社として見たときに、誰も顧客を見てないという話になります。力学違うでしょ、というのが僕の結論です。組織のなかのすべての人が顧客や取引先や協力会社だったり、家族だったり、自然環境だったり、地域社会だったり、すべてのものに対して、最適化しないといけないのにかかわらず、です。

ヒエラルキー組織だと、部下は上司に最適化する。中間管理職は、部長に最適化する。

組織のなかにいると、一番評価されやすい人間になっちゃうんですよ。よほど強い人は、そういうのを蹴散らして、出世していきますけど。そういう人は多くないです。そういう人が上に上がったときに、そういう人が意図していなくても、その人の権力のなかで、権力をハックするわけです。評価軸というか、評価する人が固定的にいると、その人に評価されやすい人間になったり、評価されやすい行動をとったりします。

それが、顧客にとって最適化されているのかというところと、矛盾したりするわけです。だから、「お客さんにこういう提案をしたいな」「この商品を売らないほうが良いな」と思ったとしても、「営業成績が下がって給料が下がっちゃうな」とか、「上司に怒られるな」とか、別の力学が入ってきて、不必要なものを必要としていないお客さんに売ってしまうということが、起きやすい環境になっちゃう。力学として、それが生まれちゃっているわけです。

自律型企業25社の実態「組織の階層について」

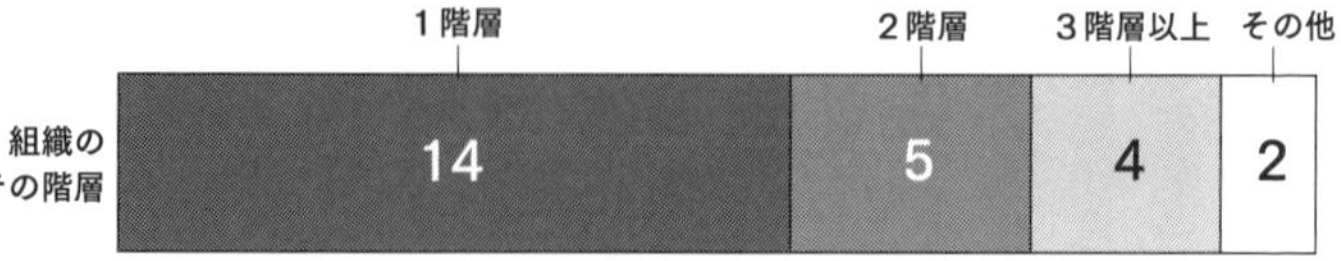

▶半数以上が「1階層」(＝完全にフラット)な組織

▶「3階層以上」の回答企業4社は、従業員数が多い(4社平均266.2人、25社平均96.0人)

自然経営研究会アンケートより

【調査期間】2018年11月16日~11月30日 【調査方法】ティール組織、ホラクラシー組織を運営する企業に回答を呼びかけ 【回答数】25社

年功序列の考え方について

塾生13　未来工業の創業者の山田昭男さんの、「人は年齢くらいしか違いはない。何歳かというのは、みんな同じ軸だから、それしか判断をしようがないから、それでやっている」という話があります。年功序列だと、そういうのが起きにくいというのはありますか？評価がなくて、年齢と勤続年数だけで給料を決めるというやり方はどう思いますか？

武井　それの良し悪しというよりは、ビジネスモデルの違いかなと僕は思っています。製造業とか、やっている仕事に、ほとんど差がつかないような業種ってあるじゃないですか。ああいうところって、それぞれのパフォーマンスを評価しあう。パフォーマンス自体が、個人じゃなくて、設備にかなり依存している。

天外　山田さんのところは、そういう発想じゃなくて、パフォーマンスの違いによって、給料を変えないというフィロソフィー。だから、10の力のある人は、10を発揮すればいい。1の力の人は、1を発揮すればいいという思想。その合計以上には会社は絶対に行かないんだから……ということ。構造としては、すべての人が自分の力を最大に発揮できるような構造があれば良い。能力の違いに対して、給料では差をつけない。だから、年齢と、勤続年数だけですべてが決まる。これはひとつの正解だと思う。

武井　ＩＴ業界でも、そういう会社がいくつかあります。これが成立する前提の基本給与水準が、かなり高い。低いところだと、やっぱり成立しない。だから、儲かっている会社しかできないという仕組みでもあると思っています。僕らって、相当貧乏だったので、そういうときに話し合った結果、僕らはこういう進化をしたという感じですかね。

天外　それから、ＩＴ関係というのは引き抜きがすごい。生産性が何千倍、何万倍と違うので、ちょっと優秀だと、すぐに引き抜かれちゃう。未来工業のやり方をまねしたら、スーパーエンジニアはごそっといなくなるね。

武井　そうですね。給料の決まり方って、業種、業態、ビジネス構造、それから立地とか、いろんなものにさらされていると思います。未来工業は、地方じゃないですか、岐阜県。だから、たぶんああいうやり方がマッチしたと思います。東京だと、またちょっと違うと思うんですよ。それが、彼らのビジネスモデルを維持継続していったり、強化していくうえで、たぶん、合理的なんだと思います。

僕らも、自分たちのビジネスをやっていくうえで、合理的なほうに、どんどん行っているので。社内のなかの最適化じゃなくて、会社が置かれている環境全体のなかでの最適化ということのほうが、パフォーマンスが高いと思います。

決済権と人事権という権力

武井　最近は、公益資本主義ということを、原丈二さんとか、孫泰蔵さんとかがうたっています。まさに、その考え方と一緒だと思います。ただ、彼らは、理想として掲げていて、具体的にそれをどう実現するのかというところが、乏しい。具体的には、あまり考えていない。まさに、この考え方を、どう会社の構造体としてやりやすくするようにするかということで、僕らの権力をなくすというところにたどり着いたわけです。

今の組織は、権力を基盤にすべて設計されている。だから、僕らは、肩書きも権力のひとつなのでなくしました。権力って何か、因数分解をすると、2つあるかなと思っています。決済権と人事権。物事を決める稟議とか、予算とか、承認するとか、人の処遇を決める、部署を決める、給料を決めるとか、すべて決済権と人事権に集約されると思います。

つまり、決済権と人事権を組織のなかからなくしてしまえと、僕は考えています。つまり、逆説的にいうと、決済権と人事権がある状態だと、誰かに心臓を握られたまま、鵜飼いのように、好きなものを食べていいよと言われているみたいな状態なわけです。自由にやっていいよと。でも、自由にやった結果、何をやっているんだ！　みたいな。でも、そうなっちゃうから、上司の器が問われちゃうということですよね。器の問題とか、個人のリーダーシップとか、能力の話になっちゃうんです。そっちの話をする前に、決済権と人事権をやっつけたほうが手っ取り早いだろう、というわけです。

だから、決済権をなくすということは、稟議をしない、上司・部下がいない、予算がない、お金回り、新規事業をやる・やらないとか。人事権というのはダイヤモンドメディアでは、仕事も自分が決めても良いし、もちろん、これをやってといわれて、やってもいい。あと、もうひとつ別の視点から見ると、階層構造と情報の格差って、比例しているんですよ。情報を持っている人が偉いし、偉い人が情報を持つように、自然となっちゃっているわけですよね。

天外　情報に格差をつけることによって、権力を与える。

塾生13　格差って、どれくらい違うものなんですか？

天外　むちゃくちゃ違うよ。たとえば、決済権だと課長が10万円、部長が１０００万円くらいかな。金額の決済権もあるし。

塾生13　そんなに違うんですか？

天外　うーん、もっと違うかもしれない。僕がソニーにいた頃は、役員クラスだと、4～5億円の決済権があったけどね。だから、会社の情報も、役職によって制限されている。

塾生13　上場企業は、経営情報は公開しているんじゃないですか？

天外　いや、それ以外の情報もいっぱいあるわけ。それが、役職によって制限されているの。役員は報道に漏れたら、一面記事になるような情報もいっぱい持っている。どんな会社でもやばい話はあるしね。

塾生14　決済権って、例えば、大企業だとハンコをもらうんですけど。そういうことは違うんですか？

天外　ハンコはものすごいよ、回覧してハンコだらけ。見るのは決済申請者の名前だけ。こいつなら大丈夫そうだなと、中身は読まないで押す。役員になると、ものすごい量が回ってくるから、いちいち読んでいたら時間を取られて仕事にならない。大企業の稟議による決済システムは形骸化の典型だね。俺なんて、自分のハンコを机の上に置いておいたから、みんな勝手に押していた。決済システムを無効化させて、実質上のティール組織をやっていたと思うよ。

決済権がないダイヤモンドメディアの実際

塾生13　ダイヤモンドメディアは決済権がないじゃないですか。決済はどのように？

武井　決済は、誰かがしているんじゃないですかね？

塾生13　誰かはしないといけないということなんですね。

武井　誰かという概念があまりなくてですね。意思決定を誰か個人がしなきゃいけないということ自体が、思考が機械的なんですよね。

塾生13　その情報が流れたときに、バーッと自然に決まる？

武井　個人が意思決定をするわけでもないし、合議で決めるわけでもないし、合議をコンセンサスというんですけど、僕らは、コンテクストで決まるというか。もっと緩くいうと、雰囲気というか。

天外　『ティール組織』だと、アドバイスプロセスをものすごく厳密に定義しているよね？そういうのはないわけ？

武井　あのままですよ。ただ、言葉で定義すると、堅めに書いてあるじゃないですか。アドバイスプロセスを経れば、その人が決めて良い、みたいな。やっぱり、誰が決めるみたいな表現になっています。実際、そういうコミュニケーションを取ると、そういう感覚って、あやふやになるんですよ、いい具合に。誰がそれを決めたかとかがなくなる。

塾生14　誰がいい出しっぺか分からなくなる？

武井　そういうこともあります。それ、けっこう頻繁にあるんじゃないかな。

塾生15　情報は提供する？　誰にも相談せずにやっちゃうときもある？

武井　ある。

塾生15　そういうのも良し？

武井　良し。でも、だいたい見える。それって相談したほうが良いなというときは相談しますし、しなくても良いなというときはしないですし。

天外　しっかりとしたアドバイスプロセスがない？

武井　一応、言葉で僕らが何をやっているかという定義をすると、『ティール組織』に書いてある通りになると思います。その意思決定によって関係する人に、事前に相談すると、本に書いてありますけど。ああいう感じです。

Tenge's Eye 10

アドバイスプロセス

F・ラルー『ティール組織』では、オレンジ組織では上司から部下へと一方的に決定が降ろされ、グリーン組織ではコンセンサスが重視されるのに対して、ティール組織では「アドバイスプロセス」が重視されると紹介しています。これは、日本企業で一般的によく行われている「根回し」に酷似していますが、「根回し」が形式にせよ最後に上長を含む集団的な承認があるのに対して、アドバイスプロセスには、「承認」という概念がなく、当事者が必ずしも受けたアドバイスに従わなくてもよいと、かなり緩やかなのが特徴です（以下『ティール組織』引用、165ページ）。

「今回の調査対象となった組織の大半は、何らかの形でAESが「助言プロセス」と呼んでいる方法を実践している。それは実に簡単な仕組みだ。原則として、組織内のだれがどんな決定を下してもかまわない。ただしその前に、すべての関係者とその問題の専門家に助言を求めなければならないのだ。決定を下そうという人には、一つ一つの助言をすべて取り入れる義務はない。目的は、全員の希望を取り入れて内容の薄くなった妥協を図ることではない。しかし必ず関係者に助言を求め、それらを真剣に検討しなければならない。判断の内容が大きいほど助言を求める対象者が広がり、場合によっては、CEOや取締役の意見も求めなければならない。通常、意思決定者はその問題や機会に気がついた人、あるいはそれによって最も影響を受ける人だ。」

塾生9　決済したあとに、なんでこんなことにお金を使ったんだと、揉めることはないんですか?

武井　あるときもあるんでしょうけど、記憶にないな。全部が、そのプロセスをやっているとなると、面倒くさい部分もいっぱいあるので。僕が知らないだけかもしれないですね。

塾生15　言葉は違うかもしれないけど、やっぱり、根回しをするということですよね。

武井　そうです。

塾生15　結局、コンセンサスを待っているということ?

武井　コンテクストを作っているんです。「わからないから、否定する」ということが、基本的にできないんですよ。わからないんだったら、あなた本人に任せるよという前提がある。稟議って、許可を与えるわけじゃないですか。そういうプロセスじゃない。

塾生15　説明、納得、決済という流れのなかで、説明はするけど、納得してもらえないときもある。

武井　そうです。

嘉村　今、かなり大きなパラダイムの展開期だと思ってます。僕自身も代表なんですけど、ティールに変わるときに、みんなのお墨付きがないと決め切れない、やってみようと思うんですけど、とメールで投げて、本当は、全員から、返事が欲しいんです。返事がなかったとき、やっていいのか分からない。上司のOKとか、会議で皆がOKと言ってくれたらと思うくらい。お墨付きがないと動けないくらい「ティール以前」に染まっていた。

たぶん、天外さんも、そうかもしれないですけど、基本的に、決めていいという。同じ組織メンバーなんだから意見は聞いておいたほうがいい。良い結論も出せるし、もしかしたら、この決定は、一緒に決定したほうがスムーズかもしれない。全部投げるけれども。あくまで、やってもいいよねというお墨付きをもらおうとしているのではない。これは、全然パラダイムが違うことを意識しておかないといけない。

武井　許可じゃないんですよね。

嘉村　許可を得るためにやっているわけではない。

武井　そっちのほうが合理的なんですよね。

21章

会社の内と外の境界を淡くする

【解説】

「権力」がなくなり、物事が「なんとなく決まる」組織がうまく運営できたとしても、外側の世界には理解してもらえないのではないか、オペレーション上は差し支えはないのか、という質問に対して武井は、それこそ境界や感情の開放性の問題だ、と説明しました。具体的には、金融機関の人とFacebookなどを通じて仲良くなり、一緒にプロセスを作る側に巻き込んでいく、とのことです。

金融機関も生き残りをかけて、地域とのつながり、人とのつながりを模索しており、単なるお金の貸し借りという関係を超えて、共に手を携えて新しい社会経済システムの構築へ向かいたい、という壮大な構想が語られます。

セミナーの実録

塾生16　私が気になるのは、内部だけでは完結できなくて、株主とか、顧客とか、銀行とか、そういう外部との関係というのがあるわけじゃないですか。たとえば、外部の株主が入っていた場合、外部の人は、投資する立場からいうと、そんな内部の権力構想のことなんて知ったこっちゃないわけです。ちゃんとした経営計画を立てて見せてください。いくら利益を出そうとしているんですか？　いつ上場しようとしているんですか？　配当をいつしてくれるんですか？　と。こうなる。

社内でどれだけ認識的に関係が作られていようが、国際的に関係が作られていようが、取引先とか、顧客の立場からいうと、ある期日にきちっとした品質のものが約束された通りに出てくるかどうかが、その会社にお金を投下して頼もうかどうかという基準になっているとと思うんです。あるいは、銀行の立場からすると、誰が決済しているか分からないと言われちゃうと、本当に引き落としていいのか、ということが必ず起きますよ。このお金をA社に振り込んでいいという紙が来たけど、普通の会社なら、権限を持った人がハンコを押しているから、それを信用して、銀行はお金を移せばいいんですけど、聞いてみたら、誰が決めているのかよく分からない…。

塾生15　会社全体を信用するかどうかの違いですよ。

塾生16　僕が言っているのは、なかのことは、いいんですけど。外部の存在がいたときのことです。

塾生15　外部も一緒じゃないですか。誰を信用するかだから。

塾生16　代表取締役のハンコがなければお金を落とせないとか、そういうことって現実にあるわけじゃないですか。だから、外部との関係で起きてくる内部の権力は、現実にはあるわけですよね。

武井　難しいんですけど。僕らが付き合っている会社は、理解してくれている。それはなぜかというと、外部と内部というコンテクストを共有しているので。

天外　信金？

武井　いや、メガバンクも。

天外　え、メガバンク？　普通、メガバンクは、こういうところにお金を貸さないんじゃない？

武井　自分たちが一番動きやすいような状況を作るという意味では、必ず、黒字着地を目指していますよ。でも、内部と外部というのは、これの次。内部と外部の開放性の話になってくるんです。いかに境界という壁をなくすか。これは、北海道の「べてるの家」とかの、当事者研究と同じだと思っています。

当事者意識って、プロセスに主体として関与するということと定義しています。プロセスは、アカウンタビリティ、説明責任。でも、今の社会的な与信管理システムって、全部、レスポンシビリティって、結果で物事を判断するようなものになっている。だから、結果で判断するためには、結果が良くなければダメで。すごくシンプルな力学になっています。経営でいうと、本当は良い赤字もあれば、悪い黒字もあります。

なので、金融機関の人を、プロセスを一緒に作る側に巻き込んでいくかということがすごく重要なんです。結論を意図的に作らない状態で相手と対話をすると、プロセスの調整はすごく進むんです。プロセスに相手がめちゃくちゃ感情移入してくるわけですよ。

この部分でもＩＴを使うということがすごく重要だと思っています。とにかく、金融機関の人と、すぐFacebookで繋がる。Facebookで繋がると、タイムライン、時間軸で見れる。武井さんがんばっていますねとか、武井さんに紹介したい人がいるんですよとか言ってくれる。

情報のコンテクストを共有すること

塾生15　それは、情報の透明性？　情報量という言い方をすれば、多ければ多いほど、それが、生きてくる？
武井　多ければ多いに越したことはないですよね。ただ、コンテクストって文脈じゃないですか。音楽をやっていたので、そういう感覚が僕のなかにあるんです。歌詞を書くこともそうだと思うんですけど、空白の中に意味を持たせるということができる。少ない言葉数で、意味をいっぱい込められるんですよね。
演歌とか、雅楽とかは、コンテクストの塊なんですが、ポップミュージックは、極端なまでに休符が少なくて、ずっと音が鳴っているんです。海外の楽曲って、使われている楽器の数が、めちゃくちゃ少なかったりするんですよね。なぜそれでも薄っぺらにならないかというと、コンテクストがあると、音の質感だけじゃなくて厚みが増す。それをブラックミュージックだと、グルーヴと呼んだりするんです。

塾生15　因数分解すると、質と量ということ？

武井　ただ、コンテクストって、たぶん質じゃないです。

塾生15　繋がり、ストーリー？

武井　そうそう。情報の数が量じゃないですか。情報のなかが質で。その間がコンテクスト。企業でいう戦略とか、ブランドとか、マーケティングって、まさに、コンテクストそのものなので。コンテクストって、やっぱりとらえづらい。戦略という言葉も、何でも何とか戦略ってつくじゃないですか。人事戦略とか、財務戦略とか。外部戦略とか。

塾生15　〇〇ストーリーって、最近言われているような。

武井　そうです。楠木建さんはストーリーによる競争戦略とか言っていますけど。まさに、時間軸の流れのなかのことで。

塾生14　銀行自体も、なかなか巻き込まれない。自分たちが壁を作っている。先ほど、ダイヤモンドメディアの担当の人は銀行に入っていっている。一般的に、こちらから入っていかないと、なかなかうまくいかない。

これからの資金調達のあり方

武井　そうですよね。ある地銀から、組織改革を手伝ってくれと言われてやったことがあります。やっぱり、話を聞いていると、銀行はやばいと。

銀行の機能、役割というのは、3つしかないらしい。預金と、送金と、融資。この3つしか機能を持っていないらしいんです。だけど、この3つ、どれも、置き換えができちゃうんです。

この機能がなくなったときに、銀行って何が残るの？　というので、メガバンクとフィンテックの間くらいの、地銀、信金さんたちが、これからどうやっていこうか考えているらしい。彼らは、単なる機能だけで話をすると、単体だと勝てないので、地域に根差しているということを強みととらえているんです。そこで何ができるかみたいなことをやっています。

組織も、街も、友人関係も、単なる人の集まりです。人の集まりのなかの関係性を、どうやって、より強固にしていくかという取り組みが、これからすごく重要なのかなと思っています。金融業界も、特に、ハードを持っている旧プレイヤーの方々は、そういうコンテクストに近いものを扱っていかないと、存続できないか、もしくは、不必要になったら、なくなったほうが良いかもしれない。

正直、今のご時世って、資金調達をやりやすい環境下にあるとは思っています。融資ももちろんですけど、ベンチャーキャピタルなどが、日本でも増えているので、僕らも、あまり、そこはびびっていない。

本当に必要だったらできるという腹積もりもありますし、クラウドファンディングもある。なんだったら、ICOみたいな、仮想通貨で調達しちゃうとかも面白いかもしれない。あと、金融資産、貨幣経済以外の経済というものをどう取り込むかっていうのをけっこう意識しています。そういう経済システムを作れないかと、自然経営研究会や、山田さんと話しています。

経済って、貨幣経済、バーター経済、それからボランタリー経済とあって、今、銀行って、貨幣経済しか扱えていないんです。共有者が多いことって、会社にとって資産になります。財務諸表にのらない資産。そういうものをどう作っていくかとか、ダイヤモンドメディアのためにボランティア的に働いてくれる人がどれだけいるかとか、そういう観点で考えると、もっと、選択肢が広がると思っています。お金が足りる、足りないだけじゃない、第3の道みたいなのが見えるような気がして、そういう経済圏を作れたらなと思っています。

物事の決定はどのようにされるのか

塾生17　内部の権力の話に戻るんですけど。コンテクストを共有していると、新しい提案に激しく反対する人って、いなくなるんですか？

武井　自然と減る傾向にはあると思います。もちろん、あるときはあるとしか言えないですね。

塾生17　たとえば、誰かが何かをやろうとしていて、応援しようと思っている人もいるんだけど、それはちょっと違うんじゃない？　という人もいたりすると思うんです。ダイヤモンドメディアでは、それはどのように進んでいくんですか？

武井　ケースバイケースですかね。これが、嘉村賢州さんが言っていたパラダイムの違いなんです。基本的になんでもありなんですよね。応援者が多いときも、あるいは賛同者がいないときもあるかもしれない。賛同者がいなくても、どうしても自分がやりたいと思うんだったら、やれます。でも、お金がすごくかかるとかだったら、みんなに理解してもらわないとダメだということになるかもしれない。

同じ事案だとしても、誰が言うかによっても、全然違いますよね。これ、けっこう重要だと思います。

塾生15　たとえば、大勢反対したけど、私はやりたいというふうに思って、結果として、失敗しました。それで良いわけですよね？　ゴールが失敗とか、成功ではないから。

武井　そうならないですよね。

塾生15　良いも悪いもない？

武井　「良いか悪いか」は客観、「俺は嫌だな」は主観。主語が自分だと、良い悪いじゃないじゃないですか。俺はそれ反対だなとかは言えますけど……。

塾生15　主観は入れるけど、客観は分からない？

武井　客観。ただ、エビデンスとして取れるものは取ります。それがない状態だと話にならない。うちの会社はＩＴの会社なので、データをガチガチに扱うんです。だからエビデンスがないと、ボコボコにされるんですよ。

塾生15　皆が正しいと思っているから、皆で共有する必要はありません、とＩＴツールを使って、自分が正しいと思っちゃった人がもしいたら……。

武井　即刻、やめさせられるでしょうね。

塾生15　合意形成をどこにするか。システムで形成するか、ＩＴツールが必要か。それが、そういうものか。形成する方向が、結果としてどうなるか。

武井　物事を決める、アドバイスプロセスだけじゃないところでも、たぶん、影響しあっていると思います。僕らでいうと、たとえば、給料を決める会議での関係性とか、そのなかで、そういう考えの人は、意思決定どうこうの前に、自分の給料分くらい稼げよ、みたいなことを言われると思う。そこは、責任と権利じゃないですか。

　ダイヤモンドメディアは自由だから何をやってもいいというユートピアじゃありません。力学として、経済合理性にのっとっていないことはできないんですよ。だから、合理性を経済的に秩序的にもぶっ壊す人というのは、やっぱり嫌がられます。

塾生15　大失敗してコンテクストがなかったら絶望的だけど。それを超えたあとは……。

武井　どうなんですかね。そういうやり方にならないと思うんですよね。まだリスクが残っているとか、まだ分からない状態でもやりたければ、コストがかからないように、「まずやってみたら？」というのがアドバイスで出てきたり、そういうアプローチになると思うんですよね。それで、実証実験みたいなことをして、見えてきたら、だんだん、資源を投下していったらいいというやり方になる。

それはすごく合理的な判断だと思います。意思決定というものを定性的にとらえると、そこがどうかみたいな話になっちゃう。そこにたどり着くまでの、プロセスをどうデザインするかが、まさにアドバイスプロセスということなんです。すごいシンプルに言うと、情報の共有と対話。それをやっていると、自然とコンテクストが生まれてきます。

まずは組織のあり方が問われる

嘉村　あと、資源の奪い合いが起こるような文化では、そもそも成り立たないと思っています。予算をくれくれくれ文化だと、それ以前だと思います。

もうひとつは、新しく何かをやろうとしていることを、やってみよう的な文化が熟成されている必要がある。日本の文化というのは、新しいことをやることに、説明責任をしっかりと果たさないと、やらせてあげないというような文化なんですけど、ティールとか、ホラクラシーは、反対をする側に説明責任を求める。

まず、やってみたらいいか、みたいな感じにやっていく。まず、文化があって、一人ひとりがやろうとしていることを、前に進むように願い合っている組織だったら、たとえば予算1000万円全部を使うというのは、かなりの思いをやろうとしているという話です。いろんなアドバイスがくるような感覚なので。それによって、0円になるようなことをやらせろということは、そもそも起こり得なさそうな気がします。

塾生15　奪い合うような組織ではないということですよね。

嘉村　そこを、先に創る必要がある。

武井　話は戻るんですけど、それを作りやすくするのが、情報の透明性。やっぱり、予算という概念って、大きな問題をはらんでいます。

僕は地方創生のお手伝いをしていて、公益遊休不動産という日本の自治体とかが持っている不動産をどうするかみたいなことをやっています。びっくりしたのが、なんで自治体って、そういう資産を眠らせちゃうのか、ということ。

これも力学で説明できるんです。複式簿記じゃなくて、単式簿記なんですよ。毎年の予算って、あると、使い切るようにしているんです。なぜなら、使い切らないと、次の年に予算が減っちゃうから。だから、単式簿記でお金を管理していると、必ず使い切る。つまりお互いの奪い合いというふうになるんですよ。

でも、B／S、複式簿記の概念が入ると、余ったお金を次に蓄えておけば良いとか、P／Lで予算が足りなかったとしても、借入をして、B／Sを増やせば良いとかいうことになる。地方自治体って、自分たちがどれだけ不動産を持っているのかわかっていないし、それに対して、課税されないから、痛みもない。放ったらかしておくというのが一番楽なわけです。平成30年に、今さらですが、総務省が、全国の自治体に、複式簿記を導入するというのをやり始めたくらいらしいです。

毎日、体重計に乗って、体重を計るだけで、意識がそこに向いて、食べる量が自然と調整されていくというレコーディングダイエットという手法があります。それと同じで、見えるようにしておくと、そこに意識が向く。人間って見えているものを、自然と最適化する傾向があるんです。それが、予算制だと、P／Lだけなので、そっちに最適化しちゃうんです。

ティール組織になるためのプロセス

塾生15　今日のセミナーの最初に、天外さんが、ティールでうまくいくためには、ステップを超えた人が必要とおっしゃっていたんですが、じゃあ、超えるまでは組織作りをしないといけないのか……。組織作りをするということは、多少ルールも作らないといけないかもしれない、とか……。

嘉村　そのために、いろんな制度とか仕組みを作る。その仕組みは、性善説に基づいた仕組みとして、補助輪として作っていくというようなことをやっている。なので、基本的に、チームは10人を超えないほうがいい。経験上、10人が一番知恵が集まって、かつ、いろいろ進みやすい。そういう最低限の仕組みを、各社それぞれ作っていくんです。

塾生15　レベルが違う人が一緒に話をしているから混乱する。だから、この話はステージAの話、この話はステージBの話となったほうが、もっとわかりやすいんでしょうけど。

天外　基本的に、プロセスもひとつじゃないんだよね。いまのところ、ティール組織は自然発生的にできているから、それぞれ違うんだよ。例えば、ホワイト企業大賞受賞企業でいえば、「ダイヤモンドメディア」と「森へ」と2社いる。でも、この2社は、成長のプロセスが全然違うわけ。だから、混沌としている。整理されていない状態がまともなんだ。

だんだん、ティール組織にいたる5つのステップ、なんて話が出てくるかもしれない。セミナー屋さんがいっぱい出てきてね。それが出てきたら、もうティールはおしまいと思ったほうがいい。

嘉村　ティールをやるならば、もしかしたら、途中、厳しい状況になるかもしれないけれど、それによって、自分たちが輝いて働けたりとか、お客さんを喜ばせられるんだったら、チームとして飛び込めるかというところに、踏み込む勇気が必要なんです。それが、勉強して、ティールにいたる5つのステップなんてやるのは、まさに予測と計画。オレンジパラダイムに戻る話なので、それはありえない。

塾生13　私は、対話の場のファシリテーションをやっています。ダイヤモンドメディアでは、場作りの大事さを、みなさん共通に認識されているのか、こなれてきているのか、どんな感じなんですか？

武井　自然と広がっていったように思います。今までも、こういう考え方とか、パラダイムとか知らない人が入ってきたときに、健全な人だとすぐに馴染むんですよね。そういう人たちは、自然と、そういうファシリテートの仕方をしてきます。

あるいは、情報カスケードっていうんですけど、最初に誰かが発言すると、その意見がアンカリングしちゃって、意見がそっちのほうに向かっちゃうことがあるんです。これは、個人の影響力とは別で、ムラみたいなのが、けっこう出るんですよね。それが、けっこう悪く働くときが、多いなという感覚がある。

たとえば、最初にも言ったと思いますけど。年齢が高い人と低い人の年齢差があればあるほど、低い人の発言量が減る。男性と女性もそうです。あと、もっというと、見た目がかっこいい人とかっこ悪い人、背が高い人低い人、体格がいい人、声が大きい人小さい人。そういう違いだけでも、場のムラができちゃうんですよね。そのムラをいかにキャンセルして、整いやすくするかというやり方も重要だと思っています。でも、もちろん、コンテクストが強い人しか、その物事を引っ張れないときもあります。そのへんは、僕らも、毎回、毎回、こねこねしながらやっていますね。難しいですね。

22章

次世代の会社を現行法のなかで実現する！

【解説】

ダイヤモンドメディアでは、上司・部下という関係をなくし、徹底的に権力を排除してきました。最後に残った「株主の権力」を、「経営管理組合」という形を工夫して無力化を図りました。

いまの法律は、株主─経営者─労働者という分離と対立の構造のなかで、立場の弱い労働者を保護し、株主の権益を保護し、企業経営のルールと経営者の義務を定めています。すべてが溶け込んでいくティール組織では、本来、分離や対立がない運営になるはずですが、現行法の存在がその妨げになります。いずれは法律を変えなければいけませんが、人々がその必要性に気づくにはまだ長い年月がかかるでしょう。さしあたりは、不自由な現行法のなかで、何とか理想に近づける工夫が求められます。その苦労が語られます。

セミナーの実録

武井　僕はダイヤモンドメディアで、権力構造というものをなくしていきたい、ということをずっとやってきました。肩書きがない、上司・部下という概念を持たずにやろう、とやってきて、だんだんと手をつけづらい「株主」のところまで突っ込んできました。

そもそも、株主、役員、従業員で、株式会社じゃないですか。三権分離。僕らは分離構造が嫌だったので、いろいろなことを考えました。そもそも、僕らがやりたいのは、株式会社じゃないのかなと考えた。

でも、僕が調べたなかだと、存在する法人形態だと、株式会社が、一番進化している、今のところの最終形態なんです。

ボランティア団体でも、ＮＰＯでも、社団法人でもない。任意団体だと、逆に、代表者個人の団体みたいな感じになって、より権力が偏っちゃう。でも、分離しているということが、悪いわけではないなというふうにも考えられるんじゃないかなと思って、その方向で何かできないかなと考えたんです。

まず、株主をどうするかというより、従業員をどうするか、役員をどうするか。ヒエラルキー組織って、多数決で物事が決まっているんですよ。取締役会の多数決や株主の議決権。数の原理です。ティールでは基本的に多数決はしないんです。僕が思うに、多数決って、マジョリティを取って、マイノリティを捨てる意思決定なんです。多数決だけで物事をやっていくと、どんどん硬直化した組織になっていく。長いものに巻かれる組織になってくる。

株式会社って、エージェント制と呼ばれていて、法的には、株主のものなんです。株主は所有者なんです。所有者が、会社を管理運営するうえで、適切な管理人というのが、役員なんです。役員に委任をしている。エージェント制というんです。役員は、株主からの意向を受けて、管理者なんとか義務……。

山田 善管注意義務（善良な管理者の注意義務の略）

武井 それに基づいて、従業員たちを管理するという使命を負っている。すでに最初から、持つ者と、持たざる者で分離しているんです。経済学的にいうと、資本家と労働者。労働者は、立場が弱いから、その弱い人を守るために作られたのが、労働基準法という法律なんです。

労働基準法というのは、その前身となる工場法が労働基準法になっている。この名の通り、工場で働く人を管理するための法律が基本になっている。1日8時間労働、その間1時間の休憩をはさんで、時間外労働に対しては1・X倍の残業代と、休日は何日とかいう労働基準法がある。この権力構造のなかだと、株主・役員が悪さできないようにブロックをしてあげるというアプローチになっちゃう。

権力を無効化するために

武井　僕は、そもそも、雇う側と雇われる側とか、強い者と弱い者というのをなくしたいと思っている。ヒエラルキーを、サークルじゃなくて、テンセグリティ、空中均衡構造でとらえているんです。役員も多数決、株主も多数決で決まっていて、会社法は、三権分立になっていて、それぞれ役割があって、みたいな定義なんです。

株主っていうのは所有権を持っている、株を持っているというので、明確に定義できるんですけど、「役員であるか、従業員であるかみたいな境目って、もう分からない。株主が「役員やったら？」と言ったらなっちゃうし。仲が良かったら、とりあえず執行役員になるみたいな、ヒエラルキーの力学で決まっていくみたいな構造は違うなと思ってます。

分離しているということは、悪くない。なぜそう思ったかというと、そもそも、経済の発展というのが、分業から始まっているじゃないですか。物々交換から、貨幣というものが生まれて、交換経済が貨幣経済になって、分業ができるようになった。そういうダイナミズムが生まれたことによって、経済が発展しているわけです。分離というのは、そういう意味でいうと、効果的な力を持っているなと思うんです。

でも、これがまさに統合の話で。人間の体と一緒で、分離していても、統合している状態を作れないかなと考え始めたんですね。ただ、そうなると、まったく別の法律で定義する組織を作るか、今の法規制のなかで僕が描いたそういうものに近づけるために抜け穴を考えるかのどっちかしかない。法律は変えられないから、抜け穴を考えることにして、去年、株主の所有権というものを、一個人に紐づかない状態にしようと思ったんですね。

今は、株式会社である以上所有権自体はなくせません。それで、経営管理組合という、任意団体を会社のなかに作ったんです。会社全部が組合。一応、雇用契約にある人と役員とで作っている。そこの組合が、今うちの会社の株式の70パーセントを持っているんですね。あとは、株主。個人でいうと、僕と、創業メンバーです。

株主の、所有権から生まれる会社に対する議決権って、とんでもなくでかいじゃないですか。基本的に67%以上持っていると、何でもできるじゃないですか。会社を売りたいとかでも、67%の人の一存でできちゃう。そして34%から拒否権というのが生まれる。このパーセンテージによる意思決定というのが、インターネットがない状態のときの、間接民主主義のやり方なんですよね。

昔のヨーロッパでみんなで集まって討論をして意思決定をするというのが直接民主主義。それがコミュニティの規模が大きくなって、全員でいっぺんにというのができなくなって、代理人を立てたのが、間接民主主義。政治の仕組みの始まりです。

でも、今、ITを使えば、直接民主主義的に戻れるなと思っているんです。それが、まさに、多数決をしない意思決定。物事の決まり方ですね。

僕らは、役員会とか、閉ざされたなかで物事を決めるとか、いままで全然やってこなかったんですけど、僕、個人で82%の株を持っていたので、やろうとすればできちゃったわけですよ。法的な解釈のなかでは、僕が好きなように何でもできちゃうという状態であって、僕が暴走したときに、止めるものが何もないんですよね。僕のモラルと倫理観、道徳心に依存している状態なわけです。それは、組織構造としては、危うさが残ると思ったんです。僕の意識の問題とか、資質という話じゃなくて。

責任の所在について

武井　そもそも株って、会社の意思決定をコントロールするというか、支配して物事を決める権力と、資産としての側面と、両面あります。

ただ、資産性と考えたときに、それ自体が悪いわけではないなと思ったんですね。所有という概念がある以上は、資産性というのは、保護されるものだと思っています。たとえば、コーポレートガバナンス・コードっていうのがあります。ジェーソックス（J-SOX）法とかっていって、5つの原則がある。すごく良いことが書いてあって、それは、間違いないんですけど、管理統制型で説明しようとしていてヒエラルキーがどんどん強化されちゃうんですね。

説明責任を明確にするために、どこで何が決まっているかを最初に決めておけというガイドラインみたいなものです。でも、上場するときの監査法人のチェックとかって、「その意思決定は誰がしたんですか？」ということを明確にするようになっているんです。そうすると、失敗したときに、誰の責任か株主に説明できるようになっている。説明責任をそういう観点でとらえているんです。

僕らは多角的なイメージで組織をとらえたときに、生み出した成果とか結果に対する責任とか、そういうもの自体が分散しちゃっているんです。実際、ヒエラルキー組織でも、何か失敗したとしても、誰かひとりの責任ということは、ほとんどないと思うんですよね。

天外　それが誰だか分からないようにしているのが大企業。分からないような組織にしている。でも失敗すると、どうしたわけか、スケープゴートを作るんだよね。

スケープゴートを作って、その人を辞めさせて一件落着。みんなスケープゴートが決まると、自分に被害が及ばなくなるから、精神的に安定する。だから、誰にするか、けっこうコンセンサスがすぐにできちゃうんだよ。

そいつには気の毒に思うんだけど、誰も異を唱えない。自分に矛先が回ってきたら大変だからね。自分も含めて、大企業の汚いところを、いやというほど体験してきたよ。

武井　部下が、上司の責任だといったら、上司をクビにする。クビにするということが、社長としての責任だと言い始めるわけですよ。会社という組織になっている以上は、ちょっとずつ、責任というのはあるわけで。複雑系の観点で考えると、責任が1カ所に起因するということは、絶対にない。

そう考えると、会社法だけじゃなくて、今の法律は、すごく単純系。単純系は因数分解ができて。AはBである、と。複雑系は、Aでも、Bでも、Cでも、Dでも、無限にある、みたいな考え方なわけです。

誰かが罪を犯したときに、じゃあ、あなたは執行猶予が何年で、禁錮が何年で、とあります。でも、その人がその行動を起こすに至った経緯とか、そのことに駆り立てるきっかけを作った人とか、環境だったり、いろんなものが影響して、その結果が生まれているはずなのに、その人だけをああだこうだ言うのは、いかがなものかと思うんです。

議決権の権力をなくすために

武井　僕は、名実ともに、複雑系の仕組みで動ける会社の仕組みにしたいなと思ってます。そこで、議決権が、実質の権力構造を作っているので、議決権を会社自身にも持たせたかったんです。会社の株主は会社、みたいな。そういうのができたら、誰も何も言えない。でも、金庫株といって自社の株を持つということができるようになった。そういう法律が、２０００年を過ぎてからできたんです。

金庫株として持っているときは、議決権が行使できない状態になるんです。つまり、外に出ている株が、70％金庫株にしたとして、残りの30％が、１００％の力を持つということになる。上場企業って従業員持株会というのがあるじゃないですか。あの仕組みは、おもしろいなと思っていた。ただ、持株会というのは、基本的に、そこで何か意思決定するということはほとんどなくて、従業員の福利厚生の一部分として設計されているんですよね。Ｐ／Ｌで給料を払うだけじゃなくて、会社の時価総額と、個人の資産が連動するというのは理にかなっていると思ったんですね。

ただ、非上場の会社で持株もあって、実質、不可能だと思ったんです。まず、株に資産としての流動性がないので、売りたいときに売れないですし、時価じゃなくて簿価になっちゃう。じゃあ、うちの時価総額がいくらで、株価がいくらねと決めたら、それになっちゃうので、それは、すごく危ないじゃないですか。

そもそも、上場していないと、現金化できないんだったら、資産形成もくそもない。資産性と考えたときには、もっと伸びている会社を買ったほうが、資産形成としてはいいと考えられます。グリーン型の組織って、従業員が株を持つとか、創業者が株をどんどん受け渡すとかっていうことをやったりしているんですけど、それって、資産性の面で見たときに、僕は、ちょっと偏っているなと思ったんですね。

株式市場だと投資家や株主保護の法則みたいなものがあって、特定の株主にだけ有利なことをしちゃいけないという前提条件がある。グリーン型組織って、けっこう、その会社の実際の価値よりも、安い価格で株を受け渡したりしているんですよね。創業者とかが、金銭的に損をしているという状態があるんですね。

よく論点に出るのが、どこまで、誰まで、株を出すの？　と。株って、パーセンテージだから、無限に出せないわけで。じゃあ、入社から何年以降の人とか。新しく入った人はもらえないけど、ここはもらえるとか、線引きが出てきちゃって。そうすると、サステナビリティがないんですよね。その形で、10年後どうするの？　とか。そこまで、やっぱり、気づいていないなと思って。それも違うなと思って。

そこで組合というのを作って。組合に株が70％ある。働いている人は、皆、そこに入る。組合というのは任意団体なので、自分たちでルールを決められるんですよね。その規約で、どうやって物事を決めていくかみたいな規約があるんです。意思決定の仕方は、全員の合意か、3人以上が集まった場合、誰か1人の意思決定か。この2パターンに必ずなってい て。つまり、1人で意思決定できちゃうということなんですけど。説明はできるけど、実態としては、アドバイスプロセスみたいな規約になっている。一応、名実ともに民主的というか。今はみんなで会社を運営するという状態があるという感じですよね。

株を持つって、今だと、権力を得るみたいなものだったり、所有権を持つとか、そういう観点があると思います。資産性と考えたときに、資産性はB／Sです。B／Sって、P／Lを通じて作られているわけで、P／Lの時点で、うちの会社って、好きなことをガンガンできたり、B／Sを痛めるような取り組みも必要なときにはできちゃう。と考えると、株を持っているとか、持っていないというのは、あまり意味がない。今は、しばらくは、この感じかなという気はしている。

天外　資産性はどうなの？　武井さんの資産としては。

武井　紐づいたままです。

Tenge's Eye 17

株式の分散と資産価値

グリーン組織では、往々にして、株主と社員の壁を取り除くために社員に株を配ることが多く見られます。たとえば、第1回ホワイト企業大賞を受賞された未来工業の創業者、故・山田昭男さんは、上場前に株を額面で社員に分け与えました。株価が上がったので、社員たちは結構な資産形成ができました。山田さんは、約100億円儲けそこなったことになります。山田さんは、この手の行為を「社員にモチを配る」と表現します。モチを配れば社員のモチベーションが上がる、という駄洒落です。

武井は、そのような親分風を吹かせることはなく、資産としての株の所有権を握ったまま、経営管理組合に移して権力だけを消滅させました。ひとつには税金対策もあります。この発想の違いを天外はメンタルモデルの違いで読み解けるのではないか、と考えていますが、まだ確証はありません。

天外　紐づいている？

武井　はい。そこが、けっこうミソで。これの良いところは、やばくなったらすぐに戻せるというのがある。株を動かすのに、一番面倒くさいのって、実は税金じゃないですか。譲渡税をどうするか。それが、現実問題として、非上場でも会社の規模が大きくなるとできなくなるし。ＭＢＯ的に、マネジメントバイアウトができないとかっていうのは。優良企業ほど、株価が高くついちゃう。

組合だと、組合員が、基本的には、労働を出資するという仕組み。組合に何を持ち寄るか。株を持ち寄っているんですね。だから、組合が70％株を持っているんですけれども、この組合が持っている資産の持分配分というのは残っている。株を組合に移しても、資産性が動いていないから、課税がないんですね。組合にも課税はされないし、僕個人にも課税はない。議決権だけが、僕個人から引き離されたという状態を作ったんです。一応、法的に、僕が会社を好き勝手できないようになっている。

実態としては、そんなに何も変わっていないといえば、変わっていません。こうやって、どうでも良いことを積み上げていくことが、未来に繋がるんじゃないかと思い込んでいるだけなんです。こういうのをやってみて感じるのは、代表者がいないという法人形態を作れたら良いなというのがひとつ。あと、株主、役員、従業員と、分離されているものを、どうやって一体化させるかというところを、きちっと法律で定義する。つまり、情報の透明性を、法的に効力を効かせるとか。そのへん、どういう形がある得るかというのを、自然経営研究会のメンバーといろいろ雑談的に話しています。

天外　セムコが同じようなことをやったよね。セムラーが株を教育財団か何かに委託をしちゃったんじゃなかったかな…。

権力が個人に結びつかない形を維持するために

武井 自然経営研究会を、どういう法人形態で作るかというのも、かなり議論したんですけど、結局、社団法人になったんです。社団法人って、株主がいない団体なので、生み出した利益の帰属先がないんですね。生み出した利益が株主のものじゃないんですよ。

生み出した利益をどうするかというのは、社団法人の組合員で決めたり、社団法人で決めたルールに基づいて決めたりできる。それなら、発起人として、僕と山田さんで共同代表でやっているんですけど、僕らにメリットが何もないという状態が、最初からある。それで、いろいろ試したいねということをやったんです。

天外 経営管理組合というのは、社団法人？

武井 いや、任意団体です。登記されていないので法人ではないです。

天外 みなし法人でもない？

武井 組合です。これはもう本当に僕の趣味みたいなものです。でも、僕としては、法規制のなかで、抜け道を見つけた感はある。いろいろ、監査法人の人とか、いろんな専門家と相談しながら、ちゃんと裏をとって一緒に作りました。

こうすることで、僕一個人に、僕に限らず、会社が世代交代したとしても、個人に依存しない、権力が個人に紐づかない形を維持できると思って、今の仕組みにしたんです。だから、規約のなかに入っているんですけど、組合は必ず、組合のなかにある株、株というか議決権の持分が、67%以上を必ず維持し続ける。それ以下になる場合には、株を取り出すときとかには、そういう状況をもう一回作るためのことをしないと株を出せないとなっています。

でも、今度は、株の所有権のパーセンテージじゃなくて、議決権のパーセンテージと考えると、かなり自由に設計できるので。サステナビリティが相当あるなと思います。

例えば、アメリカだと、Google, Facebook, スナップチャットとかって、創業者に議決権100倍の株式とかをやっていたりするんですよ。あと、日本だと、サイバーダインというロボットを作っている会社。資本が必要だけど、やっぱり、創業者の能力にすごく依存しているような会社は、意図的に、議決権の違う株というのが、発行できるようになっている。この事例が、この10年くらいで、かなり増えたんだと思うんですけど。それを使えば、仮に、所有権の持分が仮に5%だったとしても。僕も、その5%の株式に、単純に倍の議決権を付与するとなると、67%以上いけるので。これは無限にいけるなと。いったもん勝ちだと。

こういう状態であれば、外からのベンチャーキャピタルからの受け入れもそうですけど、それをしたときにも、そういう人たちに、やんやいわれなくて済む土台ができた。ただ、今度、そういう外からのステイクホルダーを受け入れるかどうかというところは別にして、まず、お金とか、所有権、議決権という、このものとは別の観点があるなと思っていて。

僕らは、やっぱり、当事者で、組織を作っていきたいと思っているし、直接的に関わる人は当事者でいてほしいと思っているんです。当事者じゃない従業員、当事者じゃない株主とかっていうのは、まさに、統合と分離でいうと、分離されちゃっている状態なので。

天外　今、株を持っている2人が会社から離れちゃっているわけね。

武井　そうですね。

天外　いいの？

武井　彼らは、ほとんど身内みたいな感じなんです。会社のなかの情報は、彼らでも見られるので。1人は社内結婚して、奥さんだけが残っていたりするので。

天外　仲間内とみなせる？

武井　そうです。でも、それが広がっていったときに、その情報の共有の仕方を同じように担保できる仕組みを作ってからじゃないと、増やしちゃいけないなと、今、思っています。何を共有するのかというと、やっぱり、情報の透明性なんです。

コンテクストを共有しないと…

塾生4　うちの会社の経験です。相続が発生したとき、困っているケースがあるんです。海外でジョイントベンチャー組んで、うちが7割、3割現地の社長さんが持っていました。

その人が20年後くらいに亡くなっちゃった。相続した若い奥さんが、ぜんぜんコンテクストを共有していないという人で。利益重視で投資なんかしないで配当してちょうだいよ、というようなことが起こっちゃうという、ちょっと厄介なことが起きたんです。そういうようなことがあったのを、今、思い出しました。

武井　それは、67％の議決権を持っていれば、相続が起こったときにも。

塾生4　大丈夫なんだろうなと。

武井　そういう意見もあるね、と。一意見として、リターン、もっと利益率を上げろとか。それ自体が良い悪いというわけじゃないじゃないですか。それは、収益性が高いほうが良いというのはもちろんですし。ただ、それが永続的にヤバイ状態なのか、先行投資によって短期的に利益が下がっているのか、というところなしで、利益を出せということが危ういという意味なんです。でも、そういう意見が、権力を持っちゃうと、コンテクストのない方向に引っ張られちゃったりする。

塾生4　ぜんぜんわかっていない。

武井　やっぱり、会社のコンテクストは会社にあると思っています。会社自身に議決権を持たせたかったというのを、組合を使って疑似的にやっているという感じですね。

天外　武井さんのところは、あまりお金は必要としないの？

武井　いや、お金は欲しいですよ。

天外　例えば、ＡＩで有名なプリファードネットワークスなんていうのは、トヨタから

105億円の投資を受けたよね。でも、議決権はほとんどトヨタに与えていない。そういうかたちで投資を受け入れると、金は今、いくらでも集まるよね。

武井　そうですね。けっこう、ダイヤモンドメディアを買いたいとか、出資させてくれとよく言われるんですけど。

僕は、お金の必要性よりも、今のような話にこだわっているので、今の株式市場は不特定多数の株主で、しかも市場取り引きなので、透明性を担保できない状態で外部の株主を増やしたくないなと思っています。株主だったと思ったから売っちゃうとか、そういうこともあるわけで。そういう関係性のなかで、会社というものを扱うと、自然と分離していっちゃうよなと思う。じゃあ、不特定多数じゃなくて、特定多数の株主という状態が作れるのであれば、外部株主が1000人だろうが、1000人だろうが、維持できると思ったんですよね。

それは、今、技術的にできると思っています。ブロックチェーンを使うと、それができるんですよね。そのブロックチェーンで、仮想通貨でも、日本円でも、それをトークン化して。そのトークンをキーとして、会社の内部情報にアクセスできるとか。仕組みとして、理想のどこまでいけるかというのはありますけど。

とにかく、内部の情報にアクセスできる。それでいて、そこに対して、言いたいことがあったら、口だしもできるし、口をだすだけじゃなくて、お客さんを連れてくることもできるとか、そういう状態を作りたいんです。今の株式市場だと、それをやると、特定の株主にだけ情報を出すということが許されていないから、インサイダーになってしまう。全部、パブリック情報にしないといけない。そう考えると、うちの会社の社内の情報を全部外に出しちゃおうかみたいな。もうちょっと時間がかかるかなと思いますね。

天外　そろそろ時間ですが、3回の講座では解き明かせない謎が、もっといっぱいあります。たぶん、いろんな社会現象とすべて絡み合っている。そういうことも含めて、今の法律とか、規範みたいなものが揺らいできたときに、この企業経営をどう突き詰めていくか。

今、しばらくティール組織と呼びますけどね。いずれ、自然経営に変わるかもしれない。武井さんは、すごく深く考えているから、参考になることがいっぱいあると思いますけど、そっくりそのまままねすると怪我をしますので。それぞれ、自分のものとして消化して、実行してもらいたいと思います。

ということで、いったんこれで終わります。また、別の機会で、みなさんの顔が見れることを期待して終わりたいと思います。どうもありがとうございました。

あとがき

本書『自然経営』は、２０１８年夏に開催された武井塾の内容をほとんどそのまま文章化したものです。天外伺朗さんと内外出版社の担当者である関根真司さんのお取り計らいのもと、書籍化する運びとなりましたことを、まずは心より御礼申し上げます。

このあとがきを書いている２０１９年８月現在、私個人の考え方や組織に対する捉え方も、昨年の武井塾の講座開催時と比べて更に大きな変化をしています。なぜこのようなことを断言できるのかというと、２０１９年は私自身の人生が大きな転換期を迎えているからです。

自身で創業したダイヤモンドメディアという生命体的な会社を、年内をもって辞めることに決めました。もちろん会社は存続します。社内の仲間たちとの関係性ももちろん良好です。（10年以上も「関係性」というものを研究してきたのですから、ここでこじらせる訳にはいかないですよね（笑））

しかしながら、私個人の社会に対する課題感とでも申しましょうか、解決したい社会問題というものが会社の事業の外側にハミ出してしまっているという意識を、昨年頃から持ち始めました。

会社の今後について仲間たちと本音での語り合いを重ねるうちに、方向性はズレていないけれども、現在の会社の取り組みにおける優先順位と、私の中の優先順位とにズレがあると感じるようになりました。

天外伺朗さんがよく「良い悪いはない」と言うように、これにも良い悪いもないと思います。ただ、ズレはある。そう考えたときに、私のダイヤモンドメディアという会社における役割が終わってきているのだろうな、という感覚を覚えました。

けれども会社を離れる決断に至るまでには、想像以上の葛藤がありました。眠れない日が3カ月ほど続きました。特定の誰かに対して怒りを覚えているわけでもないですし、自分自身に後悔があるわけでもないのに、ただただ痛く苦しかったことを覚えています。創業者というものは、個人のアイデンティティが会社と一体化してしまうのでしょう。

それを切り離すためには、すべての感情的なうねりを消化し切らないといけないのだろうと、直感的に理解できました。しかしどうしたら消化しきれるのか。何が必要なのか。天外伺朗さんから学んだ瞑想を毎朝毎晩行い、自分の感情と客観的に向き合う努力をひたすら続けました。

そして仲間たちと本音での語り合いの場を何度も設け、論理的な話だけではなく、私自身が整理できていない感情もその場に吐き出し、ある種のカオスな場の中で「出し切る」という事を目標にしてみました。

すると、ある瞬間から心がスッと軽くなり「この後にどんな結果や未来があろうとも受け容れられるなぁ」という感覚が芽生えてきました。これは天外伺朗さんのいう「明け渡し」の状態に近いのかもしれません。

辞めることを決めたとき、次の事業のことや収入を得るプランを私はまったく持っていませんでした。しかしながら面白いことに、手放すと入ってくる。私の人生における次なるミッションのようなものが、人と人とのご縁の中で浮かび上がってきました。具体的な内容については、また別の機会で皆様にご報告したいと思います。

天外伺朗さんからコントロールしない生き方、流れに身を委ねる生き方を学ぶうちに、ダイヤモンドメディアという会社自体も、自然界のような自由自在に変化する会社になりました。そしてその流れの中で、私自身もダイヤモンドメディアを卒業し次のステップに進む後押しをされたのだと、今は感じております。
これこそが本書で皆様にお伝えしたかった、自然のように変化し続ける経営。つまり「自然経営（じねんけいえい）」なのだと思います。

長く続く会社も尊いですし、役割を終えて閉じる会社も同じように尊いと思います。ひとつの会社に一生を捧げて勤め上げることも尊いですし、様々な企業やプロジェクトを渡り歩くことも尊いと思います。
元号が令和に変わり、ますます正解のない世の中になっていくと思います。そうしたときに大切なのは、変化を恐れずに、また変化しないことも恐れずに、自分の命の役割を全うすることなのではないかと思います。関わる一人ひとりが、その役割・使命を全うしやすい組織運営のことを、私は「自然経営」と呼んでいるのでしょう。

本書にご縁のある皆様お一人おひとりに、私と関わってくださっていることに深くお礼を申し上げたいところですが、紙面の関係上どうかご容赦ください。本書をお読みいただいた皆様や皆様の関わる組織やコミュニティが、あるがままの自然体でいられることを心からお祈りしております。ありがとうございます。

武井浩三の人生の第二章にご期待下さい。

2019年8月

武井浩三

ホワイト企業への道をともに歩む、ホワイト企業大賞の概要

ホワイト企業大賞企画委員会は、未来工業の山田昭男相談役が亡くなった2014年の秋に発足しました。当時すでにブラック企業という言葉が市民権を得て、ブラック企業大賞の表彰がメディアで取り上げられていました。そこで、「ブラック企業の対極はホワイト企業だ」とおっしゃった山田相談役の言葉を受けて「ブラック企業より、ホワイト企業を探したい。増やしたい」の想いで、天外伺朗をはじめとした専門家有志が集い、ホワイト企業を「社員の幸せと働きがい、社会への貢献を大切にしている企業」と大きく定め、〝ホワイト企業大賞〟という表彰制度をはじめとした活動を始めました。

〝ホワイト企業大賞〟には評価基準はありません。また、応募の組織形態は問いません。法人のほか、支店・支所・部署単位での応募も可能です。大賞の選考は、アルバイトやパート、派遣の方々も含めた働く方々へのアンケート調査から、組織のホワイト企業指数、〝のびのび〟〝いきいき〟〝すくすく〟の各因子の分布、組織の状態を測り、ヒアリングなどによって組織の特徴をうかがい、企画委員会で検討します。経営者と働く人たちの想いと行動で育まれた、個性豊かなホワイト企業を探し、大賞のほか、組織の特長にフォーカスしたさまざまな賞を設けています。

またホワイト企業大賞の活動は、表彰がゴールではありません。ホワイト企業大賞へのご応募は、組織の健康度や幸福度などを観るチャンスと考えていただいています。人の定期健診のように、定点観測の機会と捉えて続けて応募くださる企業さんもいらっしゃいます。また応募時のアンケート結果は、組織内での掲示をお勧めしています。掲示に際しては、対策の指示はもとよりコメントもせず、ただ貼り出すだけです。こうして現状を広く共有することだけで、指示命令では生まれにくい自発的な変容が起こり、組織の健康や生命力を養っていくと考えています。

ホワイト企業大賞への募集のほか、講演会や勉強会、注目企業・組織への訪問合宿などをとおして、ホワイト企業の在り方を共に学ぶ場づくり、ともに歩む仲間づくりをしています。シンボルマークに記した〝The

White Company Way（ホワイト企業への道）〟は、「社員の幸せと働きがい、社会への貢献を大切にしている企業」の在り方を共に学び、追求していくことを示しています。道のりは長いですが、未来へと続く取り組みとして、皆様のご参加をお待ちしています。

●企画委員（２０１９年８月１日現在。企画委員長以下は五十音順）

天外 伺朗（委員長）　天外塾主宰　社団法人フロー・インスティテュート代表
ホロトロピック・ネットワーク代表

石坂 典子　石坂産業株式会社 代表取締役社長

嘉村 賢州　東京工業大学リーダーシップ教育院 特任准教授
場づくりの専門集団ＮＰＯ法人 場とつながりラボhome's vi 代表理事
「ティール組織」（英治出版）解説者

小森谷 浩志　株式会社ENSOU　代表取締役

瀬戸川 礼子　Riveroffice　ジャーナリスト　中小企業診断士

武井 浩三　ダイヤモンドメディア株式会社 代表取締役
一般社団法人 自然経営研究会 代表理事

辻 秀一　スポーツドクター　株式会社エミネクロス代表

成澤 俊輔　ＮＰＯ法人 FDA Future Dream Achievement 理事長

西 泰宏　西精工株式会社　代表取締役社長

西川 敬一　株式会社ブロックス　代表取締役社長

原田 隆史　株式会社原田教育研究所　代表取締役社長

藤沢 久美　シンクタンク・ソフィアバンク代表

前野 隆司　慶應義塾大学大学院　システムデザイン・マネジメント研究科委員長 教授

八木 陽一郎　ユニティガードシステム株式会社　代表取締役社長

山田 博　株式会社森へ 代表取締役

山田 裕嗣　EnFlow株式会社代表取締役／一般社団法人 自然経営研究会 代表理事

横田 英毅　ネッツトヨタ南国株式会社　取締役相談役

●ホワイト企業大賞の活動は、以下のURLをご覧ください
http://whitecompany.jp/

●お問い合わせ先:ホワイト企業大賞企画委員会事務局
info@whitecompany.jp

第1回から5回までのホワイト企業大賞 表彰企業

第1回ホワイト企業大賞(2014年度)

■大賞
未来工業株式会社(岐阜県安八郡、山田 雅裕)
ネッツトヨタ南国株式会社(高知県高知市、前田 穣)

第2回ホワイト企業大賞(2015年度)

■大賞
石坂産業株式会社(埼玉県入間郡、石坂 典子)
医療法人ゆめはんな会 ヨリタ歯科クリニック(大阪府東大阪市、寄田 幸司)
■人間力賞
有限会社 a i(北海道帯広市、石岡 ひとみ)
こんのグループ(福島県福島市、紺野 道昭)
学校法人爽青会(静岡県浜松市、中野 勘次郎)
■国際かけはし賞
株式会社王宮(大阪府大阪市、橋本 正権)
■チャレンジ賞
株式会社イノブン(京都府京都市、井上 勝、井上 雄太)

第3回ホワイト企業大賞(2016年度)

■大賞
ダイヤモンドメディア株式会社(東京都港区、武井 浩三)
西 精工株式会社(徳島県徳島市、西 泰宏)
株式会社日本レーザー(東京都新宿区、近藤 宣之)
■人間力経営賞
有限会社アップライジング(栃木県宇都宮市、齋藤 幸一)
■主体性育成賞
アロージャパン株式会社(兵庫県神戸市、上村 計明)
■地域密着経営賞
有限会社いっとく(広島県尾道市、山根 浩揮)
■ホワイトエコロジー賞
株式会社ecomo (エコモ)(神奈川県藤沢市、中堀 健一)
■熟慮断行賞
大月デンタルケア(埼玉県富士見市、大月 晃)
■ホリスティック経営賞
医療法人社団崇仁会 船戸クリニック(岐阜県養老郡、船戸 崇史)
■風通し経営賞
ぜんち共済株式会社(東京都千代田区、榎本 重秋)
■発酵経営賞
株式会社寺田本家(千葉県香取郡、寺田 優)
■ハイハイのように楽しく進んでいるで賞
菜の花こども園(長崎県長崎市、石木 和子)
■いきいきウーマン経営賞
有限会社ラポール(愛媛県松山市、橘 健一郎)

■推進賞
医療法人社団耕陽会 グリーンアップル歯科医院（東京都目黒区 、森田 俊介）
上州物産有限会社（群馬県前橋市、阿部 武志）
セカンドダイニンググループ（東京都中野区、早津 茂久）
株式会社武生製麺（福井県越前市、桶谷 三枝子）
株式会社テレトピア（山口県下関市、秋枝 耕一）
株式会社電巧社（東京都港区、中嶋 乃武也）
株式会社Dreams（大阪市中央区、宮平 崇）
ノアインドアステージ株式会社（兵庫県姫路市、大西 雅之）
医療法人社団白毫会やもと内科クリニック（宮城県東松島市、佐藤 和生）

第4回ホワイト企業大賞（2017年度）

■大賞
株式会社ピアズ（東京都港区、桑野 隆司）
株式会社森へ（神奈川県横浜市、山田 博）
リベラル株式会社（東京都江戸川区、本間 省三）
■健幸志向経営賞
有旭テクノプラント株式会社 （岡山県倉敷市、藤森 健）
■社員、女性に優しい経営創造賞
株式会社 I-ne（大阪府大阪市、大西 洋平）
■笑顔が生まれる経営賞
株式会社カルテットコミュニケーションズ（愛知県名古屋市、堤 大輔）
■人間愛経営賞
株式会社基陽（兵庫県三木市、藤田尊子）
■明け渡し経営賞
ご縁の杜株式会社（神奈川県湯河原、深澤里奈子）
■学習する組織経営賞
有限会社たこ梅（大阪府大阪市、岡田 哲生）
■部門充実経営賞
株式会社ドコモCS ビジネスサポート部（東京都港区、森山 浩幹）
■知好楽経営賞
有限会社ノームランド（群馬県利根郡、高橋 宣明）
■ワークライフ インテグレーション経営賞
株式会社ファースト・コラボレーション（高知県高知市、武樋 泰臣）
■あったか家族経営賞
株式会社プレシャスパートナーズ（東京都新宿区、高橋 誠司）
■公私充実経営賞
株式会社ポッケ（東京都渋谷区、廣瀬 周一）
■ごきげん経営賞
安井建設株式会社（愛知県江南市、安井 浩一）
■地域愛賞
株式会社弓田建設 （福島県会津若松市、弓田 八平）
■推進賞
一般財団法人旧岡田邸200年財団（北海道旭川市、髙橋 富士子）
株式会社グッドラックスリー（福岡県福岡市、井上 和久）
株式会社電巧社（東京都港区、中嶋 乃武也）
福田刃物工業株式会社（岐阜県関市、福田 克則）

ホワイト企業大賞のシンボルマーク

ホワイト企業大賞のシンボルマークは、オリーブの葉を咥えた鳩をデザインしたものです。旧約聖書のノアの箱舟のエピソードをヒントにしています。もう何日も何日も海の上を漂流して、そろそろ陸地があるのではないか？　と、ノアはカラスと鳩を飛ばします。そして何度目かに飛ばした鳩がオリーブの葉を咥えて帰ってきたという話です。この鳩はダブと呼ばれる小型の鳩で、ダブがオリーブの葉を咥えたシンボルは、平和の象徴にもなっています。これらのエピソードをもとに、ホワイト・ダブを「ホワイト企業」の象徴とし、オリーブの葉が繁るようにホワイト企業が増えていく願いを込めました。

The White Company Way

Designed by Syoumukou
(www.syoumukou.com)

第5回ホワイト企業大賞(2018年度)

■大賞
株式会社荒木組(岡山県岡山市、荒木 雷太)
坂井耳鼻咽喉科(愛知県春日井市、坂井 邦充)

■愛あるモノづくり経営賞
有限会社安琳(兵庫県三木市、藤田 尊子)

■日本型1000年家族経営賞
iYell株式会社(東京都渋谷区、窪田 光洋)

■個人を起点に進化経営賞
株式会社UZUZ(東京都新宿区、岡本 啓毅)

■キラキラ共育経営賞
昭和医療技術専門学校(東京都大田区、山藤 賢)

■生徒と社員のいきいき経営賞
新教育総合研究会株式会社(大阪府大阪市、福盛 訓之)

■人間愛経営賞
株式会社シンコーメタリコン(滋賀県湖南市、立石 豊)

■人が輝く経営賞
株式会社NATTY SWANKY(東京都新宿区、井石 裕二)

■あったかのびのび経営賞
長野県労働金庫 茅野支店(長野県茅野市、濵 文智、宮田 直樹)

■幸せ追求経営賞
株式会社ヘッズ(大阪府大阪市、暮松 邦一)

■社会復帰支援大賞
北洋建設株式会社(北海道札幌市、小澤 輝真)

■ホワイト企業パイオニア賞
株式会社電巧社(東京都港区、中嶋 乃武也)

■ホワイト企業パイオニア賞
株式会社ドコモCS ビジネスサポート部(東京都港区、森山 浩幹)

■推進賞
医療法人あいばクリニック(大阪府岸和田市、清水 智之)
小林税理士事務所(埼玉県川越市、小林 聡一)
株式会社シー・アール・エム(愛知県名古屋市、松村 祐輔)
株式会社スタジオタカノ(東京都小平市、高野 裕二)
ダイワワークス有限会社(三重県三重郡、生川 朋美)
株式会社タカヤマ(埼玉県所沢市、齊藤 吉信)
福島建機株式会社(福島県郡山市、加瀬 元三郎)
株式会社ラッシュ・インターナショナル(愛知県名古屋市、倉田 満美子)

ホワイト企業大賞は、「ホワイト企業フェロー」という、仲間づくりをしています。

ホワイト企業は、孤高を目指すものではなく、それぞれが独自の探求をしつつも、相互に情報共有し、学び、高め合う仲間ではないかという趣旨から、応募いただいた皆さま方に「ホワイト企業フェロー」となっていただき、共に「ホワイト企業への道」を歩む仲間づくりをしています。

武井 浩三（たけい・こうぞう）

1983年、横浜生まれ。高校卒業後ミュージシャンを志し渡米。帰国後にCDデビュー。その後起業するも、倒産・事業売却を経験。2007年にダイヤモンドメディアを創業。「給与・経費・財務諸表を全て公開」「代表は選挙で決める」など経営の透明性をシステム化し、「管理しない」マネジメント手法の次世代型企業として注目を集める。ティール組織など、自律分散型経営の日本における第一人者としてメディアへの寄稿・講演・組織支援なども行う。2018年7月にはこれらの経営を「自然（じねん）経営」と称して一般社団法人自然経営研究会を設立、代表理事を務める。組織論に留まらず、自律分散型で持続可能な社会システムや貨幣経済以外の経済圏など、社会の新しい在り方を実現するための研究・活動を行なっている。一般社団法人不動産テック協会、初代代表理事。公益財団法人日本賃貸住宅管理協会IT部会幹事、国土交通省公益遊休不動産活用プロジェクトアドバイザーなどを歴任。世田谷区内にてNPO法人neomuraとしてゴミ拾いや地域コミュニティ活動も行なっている。著書に『社長も投票で決める会社をやってみた』（WAVE出版）、『管理なしで組織を育てる』（大和書房）がある。

天外 伺朗（てんげ・しろう）

工学博士（東北大学）、名誉博士（エジンバラ大学）。1964年、東京工業大学電子工学科卒業後、42年間ソニーに勤務。上席常務を経て、ソニー・インテリジェンス・ダイナミクス研究所（株）所長兼社長などを歴任。現在、ホロトロピック・ネットワークを主宰、医療改革や教育改革に携わり、瞑想や断食を指導し、また「天外塾」という企業経営者のためのセミナーを開いている。著書に、『ザ・メンタルモデル』『幸福学×経営学』『人間性尊重型 大家族主義経営』『無分別智医療の時代へ』（いずれも内外出版社）など多数。

自然経営

発行日	2019 年 9 月 29 日　第1刷 2025 年 4 月 10 日　第2刷
著　者	武井 浩三　天外 伺朗
発行者	清田 名人
発行所	株式会社 内外出版社
	〒 110-8578　東京都台東区東上野 2-1-11
	電話 03-5830-0237（編集部）
	電話 03-5830-0368（企画販売局）
印刷・製本	中央精版印刷株式会社

ISBN 978-4-86257-477-0

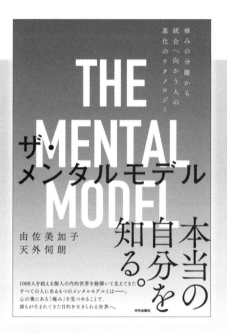